SUP

縄文時代 驚異の科学

名古屋工業大学名誉教授
齋藤勝裕 Saito Katsuhiro

C&R研究所

■本書について

- 本書は、2023年9月時点の情報をもとに執筆しています。

■「目にやさしい大活字版」について

- 本書は、視力の弱い方や高齢で通常の小さな文字では読みにくい方にも読書を楽しんでいただけるよう、内容はそのままで文字を大きくした「目にやさしい大活字版」を別途販売しています。

通常版の文字サイズ		大活字版の文字サイズ
あいうえお	➡	あいうえお

お求めは、お近くの書店、もしくはネット書店、弊社通販サイト 本の森.JP（https://book.mynavi.jp/manatee/c-r/）にて、ご注文をお願いします。

●本書の内容に関するお問い合わせについて

この度はC&R研究所の書籍をお買いあげいただきましてありがとうございます。本書の内容に関するお問い合わせは、「書名」「該当するページ番号」「返信先」を必ず明記の上、C&R研究所のホームページ（https://www.c-r.com/）の右上の「お問い合わせ」をクリックし、専用フォームからお送りいただくか、FAXまたは郵送で次の宛先までお送りください。お電話でのお問い合わせや本書の内容とは直接的に関係のない事柄に関するご質問にはお答えできませんので、あらかじめご了承ください。

〒950-3122　新潟市北区西名目所4083-6
株式会社C&R研究所　編集部
FAX 025-258-2801
『SUPERサイエンス　縄文時代驚異の科学』サポート係

はじめに

人類史には四大文明があります。多くは紀元前3000年頃から2000年ほど続きました。最も長い黄河文明は紀元前5000年から現在まで続くとも見られますが、その中身は少なくとも2つの文明に寸断されています。1つの文明は次の文明によって滅ぼされ、新しい分明に取って代わられるのが歴史です。

日本史の始まりは縄文時代とされていますが、その縄文時代の年代は明確ではありません。およそ1万5000年前(BC150世紀)～2000年前(BC0世紀)までの1万年余りとされていますが四大文明の長さと比較してください。

縄文時代はなぜそれほど長く続いたのでしょうか?　縄文時代の遺跡には戦争の跡がありません。誰も縄文時代を壊そうと思わず、誰も縄文時代より優れた時代を想像することができなかった。それほど縄文時代は人間にとって過ごしやすい、優しい時代だったのではないでしょうか。

古代ギリシア人は、温暖な気候に恵まれ、果実、穀物はよく実り、戦争はもちろん、争いも、死さえも無い世界を「アルカディア」と呼びました。中国や日本では「桃源郷」と呼びました。縄文時代はまさしく人類のアルカディア時代だったのかもしれません。

2023年9月

齋藤勝裕

CONTENTS

Chapter 1

縄文時代とは

CONTENTS

Chapter 2

縄文時代の地形変動

Chapter 3

縄文時代の人的変動

Chapter 4 縄文時代の衣食

Chapter 5 縄文時代の住居

CONTENTS

Chapter 6 縄文時代の素材とエネルギー

Chapter 7 縄文時代の医療

CONTENTS

Chapter 8

縄文時代の人文史

Chapter. 1
縄文時代とは

SECTION 01

縄文時代の文明

縄文時代というのはどなたもご存じのように遥か昔の時代で、概ね今から１万５０００年前から３０００年前までの時代であり、その後は弥生時代に続くとされていますが、この始まりの１万５０００年がはっきりしません。

一説によると１万６０００±８５０年前、一説では１万２０００年前と開始時期には５０００年もの開きがあります。どの説を信用すればよいのかと疑うよりも、縄文時代とはそれだけ古い時代なのだと納

得すれば良いだけなのかもしれません。

人類史

それでは、どれだけ古いのでしょうか？　この場合には、一応の基準があります。それは世界史です。世界史には、「古代の四大文明」というものがあります。それは従来の考えでは、次のようになっています。

①メソポタミア文明……紀元前3000年〜前16世紀
②エジプト文明…………紀元前3000年〜3000年間
③インダス文明…………紀元前2600年〜前1800年
④黄河文明………………紀元前5000年〜(現代)

文明は突如現れるものではありません。人間の集団が、「文明」と言われるほどのものに発達する前には、多くの人間が集まる過程があり、文明に育つ過程がありますから、その文明の発祥がいつなのかはたぶん、誰も正確に言うことはできないでしょう。

しかし言えることは、「縄文時代」というのは、これらの華々しい文明と比べて、少しの遜色も無い由緒ある非常に古い時代であり、「超古代文明」であるということです。このようなとんでもなく古い文明が、日本列島という大陸の端っこに付随したような場所で、大きな河も流れていないような辺鄙な場所に誕生し、とんでもなく長い間栄えたというのは、歴史の不思議といってもよいのではないでしょうか?

●縄文遺跡(三内丸山遺跡)

縄文時代

日本には奈良時代、江戸時代などたくさんの時代があります。その長さ、期間は最も長かった平安時代で４００年、江戸時代でも２５０年です。奈良時代など80年にすぎません。

そのような中にあって、1万年以上の長きにわたって続いた時代がこれから見ていこうとしている縄文時代です。縄文というのはその字の通りで、「縄《なわ》（藁《わら》）を編んで作った紐」の文様のことです。つまり、この時代に作った土器の表面には縄を押し当てて縄の編み目模様がついていることから、この時代を「縄文時代」と呼んだのです。

●縄文土器

SECTION 02

縄文時代が続いた理由

縄文時代がこのように長い間続いた理由はいくつか考えられます。文明はその地帯に人間が定住していなくてはなりません。人間がいない文明は人間の文明ではありません。

人間が生存できるための自然条件

人間が特定地域に定住できるためには、その地はいくつかの条件を満たす必要があります。気候が人間に耐えられるものであることは重要な条件です。砂漠のような酷暑や氷河時代のような酷寒では人間は生活できません。そして、気候が人間の耐えられるものであったら、それほど多くない人間の飢えを満たすだけの食物が採れる可能性は十分にあります。

しかし、人間は食物さえあれば生きられるものではありません。縄文時代に酷い感染症が無かったことも重要な要件でしょう。ペストや天然痘が猛威を振るったら、一国の人民が死に絶えることだってあり得ます。

南北アメリカ大陸には、かつて2000万の人口があったといわれますが、19世紀のインカ帝国の終末の頃には、200年の間に人口の95％が亡くなったと言われます。その原因は天然痘、チフス、インフルエンザなどヨーロッパから持ち込まれた感染症によるものとみられています。

縄文時代の日本にその様な感染症が猛

●天然痘ウイルス

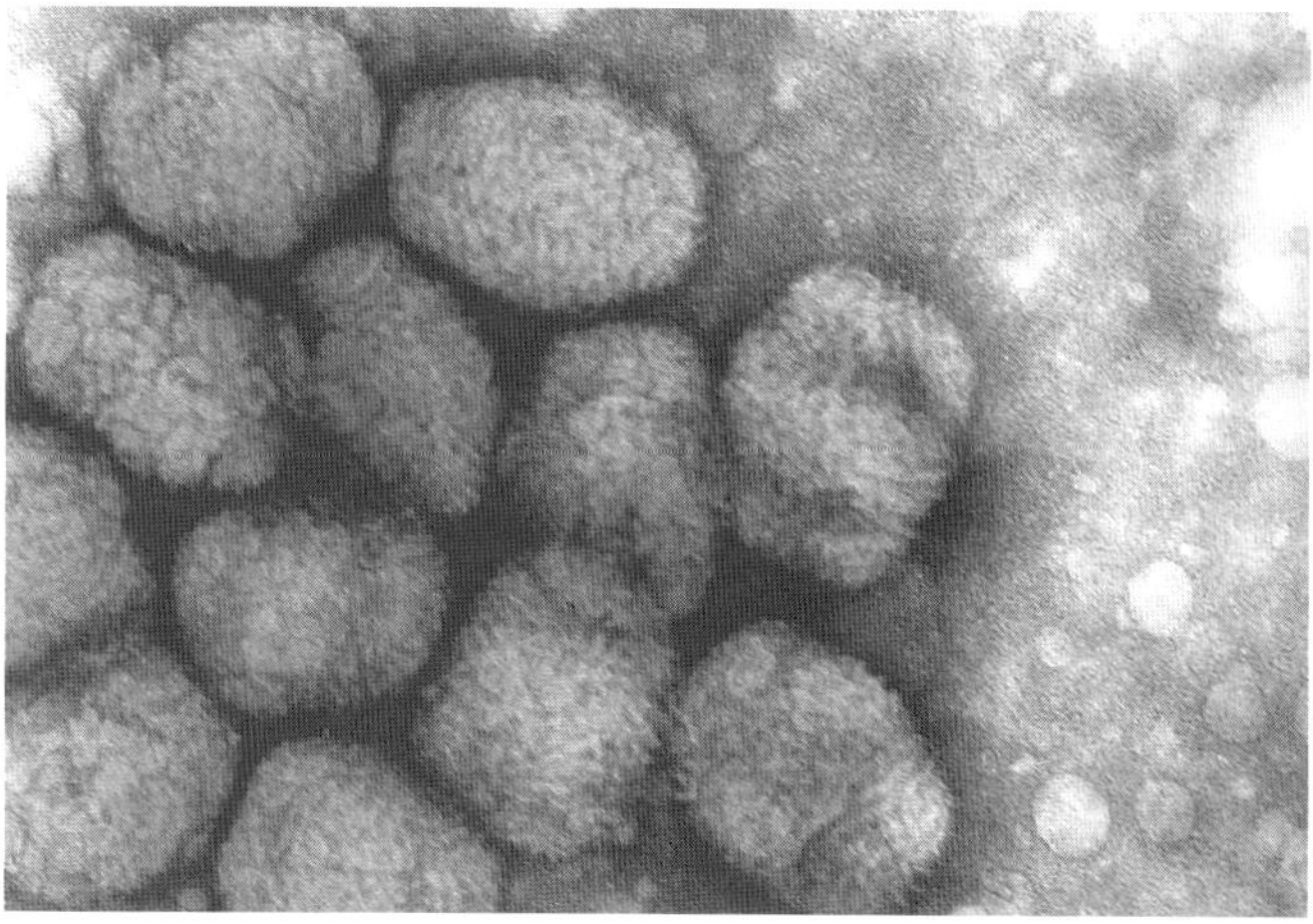

威を振るったら、数十万と言われる人口など、どこかにすっ飛んでしまうのではないでしょうか？　そのようなことが起こらなかったのは縄文の幸運とでも言えば良いのでしょうか？

人間の二面性

もう一つの条件は、大きな争いや戦争が無かったということでしょう。縄文時代の遺跡を調べても、戦争の跡はもちろん、武器と言われるようなものが出土したこともありません。出てくる武器らしいものは、畑を耕したであろう石斧、薪を割った石製の手斧、それと、簡単な弓、

●石鏃《せきぞく》と木器

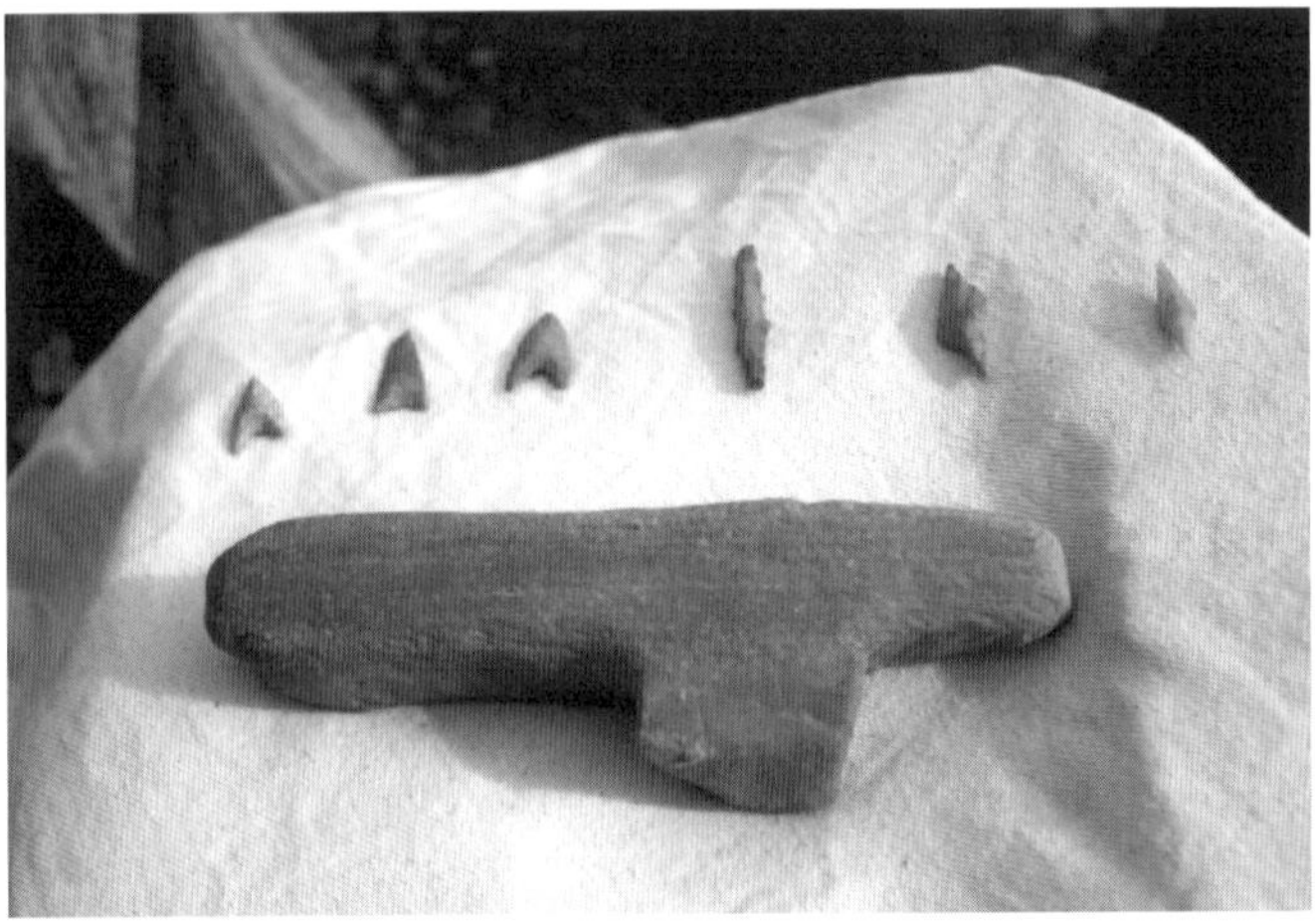

石製の矢じりくらいのものです。それも極めて少数です。

戦争をするほどの大量の武器のストックなどは出たことがありません。他民族に攻められたことも、他民族を攻めたことも、同じ民族の異なる集団同士で争ったことも無かったようです。

人間は恐ろしい二面性をもっています。同類の人間に対してA「優しくて思いやりに満ちていること」とB「残酷で悪意に満ちている」ことです。この全く相反するA、B両面が、あるときはAが現われ、ある時はBが現われます。どちらを現すかは、人間自身では制御できない仕組みになっているようです。

縄文時代というのは、このA状態が永続した人類史でも珍しい時代だったのではないでしょうか？　とはいっても、人間はその習性としてB面をもっています。そのB面を消せるものではありません。縄文時代にも喧嘩や小競り合いはあったにちがいありません。しかし大切なのはその小競り合いが戦争に組織化されることがなかったということです。なぜ組織化されなかったのでしょう？

科学的条件

それは組織として武装するほどの武器が無かったということが大きいのではないでしょうか？　武器が無ければ大規模な殺戮は起きようがありません。

縄文時代は世界史的に見れば新石器時代です。石器時代というのは日常雑記としての道具が石製、木製、土器製に限られていた時代です。もっと端的に言えば喧嘩の道具が石製、木製、土器製しか無かったということです。青銅製の道具も鉄製の道

●火焔型土器

具も無かったのです。

棍棒や石斧では、大勢の敵に致命傷を与えるのは容易ではありません。土器で殴っても土器が割れるだけです。これでは大規模な戦争などできません。つまり、縄文時代に戦争が無かったのは人々の心が穏やかだったからではなく、喧嘩をしようにも武器が無かったということです。

人々は木製の鍬《くわ》を振るい、木製の鋤《すき》を牛にひかせてのんびりと畑を耕していたのでしょう。そして暇があれば土をこねて、あのなんとも華麗で美しい火焔型土器を焼き、それに収穫物を入れて神に捧げていたのでしょう。

SECTION 03

縄文時代の地球の姿

1万5000年前の縄文時代とはどのような時代だったのでしょうか。人類の生きる土台である地球は今から1万5000年前にはどのような姿をしていたのかというと、「地球の歴史は46億年である。最近の1万5000年など時間のうちに入らないほど短い。そんな短い間に地球が変化するはずが無い」と考える方もおられるかもしれません。

しかし違います。地球は思いのほかに短いスパンで目まぐるしく変化しています。現在の私たちですら、このわずか数十年の間に、オゾンホール、酸性雨、地球温暖化、気候変動などと全地球規模の環境問題で右往左往しています。最近の1万5000年の間には、同じような、いや、それよりはるかに大きな環境問題が繰り返し地球を襲っていたのです。

縄文時代の地球は、氷河時代およびその名残でした。地球はそれまでに何回も寒冷な氷河時代を過ごしてきました。そのうちの何回かは地球全体が氷で覆われる全球凍結と言われる厳しいものでした。その最後の氷河時代の最終の時期と縄文時代の開始の時期が重なるのです。

つまり、縄文時代というのは1世紀すなわち100年単位で動く「人類の歴史」と10万年、100万年単位で動く「地球環境の歴史」の狭間にある時期なのです。約2万年前には氷河時代最後の氷期であるビュルム氷期（最終氷期）がピークをむかえ、気温は年平均で7～8℃も下がりました。

海底の陸地化

そのため地球上で氷河が発達し、海水は凍って氷になりました。海水が少なくなったおかげで海水面は現在よりも100mから最大で130mほど低くなったと考えられています。つまり、現在ならば深さ130mという海底が、海岸になっていたのです。

この時代にはベーリング海峡は地続きになっており、ユーラシア大陸から無人のアメリカ大陸に人類が移り住んだと考えられています。この勇気あるパイオニア的な人類は、約1万年前頃までには南アメリカ大陸の南端地域まで到達していたといいます。

氷期から間氷期へ

その後、地球の気温は、温暖化と寒冷化の小さな波をうちながら、長期では徐々に温暖化に向かいました。氷期が終わり、間氷期が始まろうとしていたのです。そして約1万年前、ようやくこの最終氷期が終わったとされます。縄文時代というのは地球のちょうどこのような時期と重なるのです。

SECTION 04

氷河時代

地球の6億年前から約5億年にわたって続く地質時代を通じて、世界的に寒冷な気候となり、高緯度地方や山岳地域で現在よりもはるかに広く氷河の発達した時期が何回かあったことがわかります。この時期を一般に氷河時代といいます。

太古の氷河時代

最初の大氷河時代は約7億年前であり、2番目の大氷河時代は約3億年前です。この時期、南半球では現在の島々が融合してゴンドワナ大陸をつくっていたと推定されます。当時のゴンドワナ大陸は南半球の高緯度地帯に位置し、南極点は南アフリカ南端付近にあったと考えられています。

磁石としての地球の極(南極、北極)は一定せず、割と短い周期で動くので、当時の南極が南アフリカ南端にあったとしても、それが大陸の移動によるせいなのか、それとも地軸が移動して極が移動したせいなのかはわかりません。磁石としての極の移動は地球の内部にある内殻の回転軸の角度が変化することによるものといわれています。

新しい氷河時代

これら2つの太古の昔の氷河時代に比べて、新しい世代の氷河時代は、詳しく調べられています。普通、氷河時代と呼ぶときはこの時代(約200万年前より約1万年前まで)を指します。

この氷河時代は、現在氷河のない温帯地方にも氷河性堆積物が残されていたり、寒冷な気候を示す化石が残されていたりすることから、史上最も大規模な氷河時代であったともいわれています。

間氷期

氷河時代とはいっても、全時代を通じて氷河が常に発達して地球を覆い続けていたわけではありません。中緯度地域まで氷河が進出拡大した気候の寒冷な氷期と、両極地域にだけ氷河がある温暖な間氷期とが交互に訪れました。

過去70万年の間に何回かの寒冷期とその間の温暖期とが存在したことが知られています。その繰り返しはきわめて規則的で、約10万年の周期で起こっています。

最後の氷期(ビュルム氷期)は約10万年前ごろから始まり、2~3回の小温暖期を繰り返したのち、今から2万~1万8000年前に極寒に達しました。これが最終氷期の最寒冷期になります。現在は両極

●氷河期と間氷期

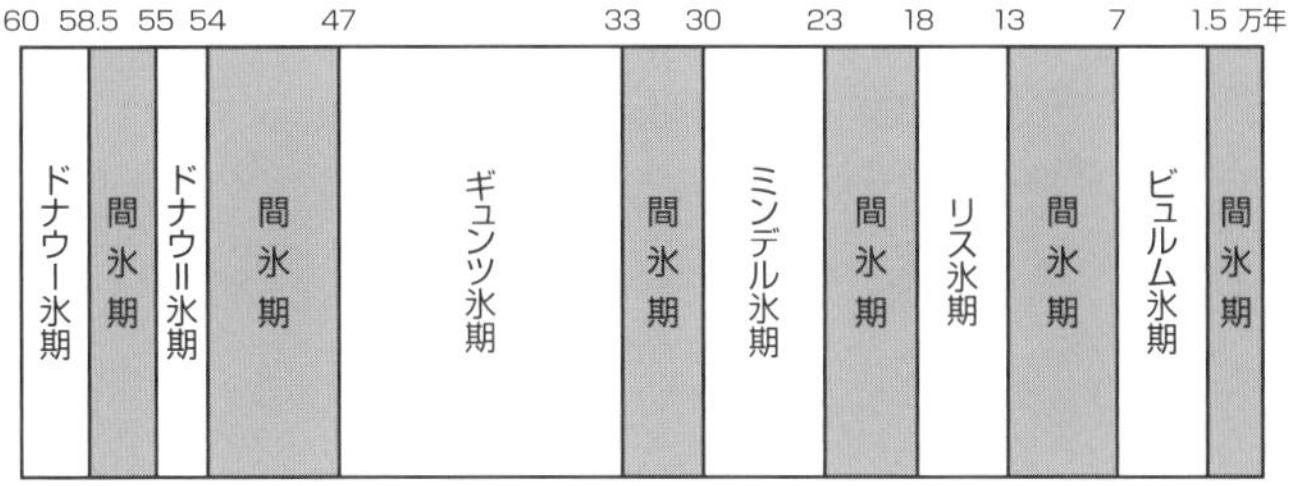

地域を中心に陸地の面積の約10％が氷に覆われていますが、最大拡大期には30％以上に達し、とくに北半球の各大陸で、大陸上にあって融けることない氷塊、氷床が著しく拡大したことが知られています。

氷河期と陸地

氷期には海水が凍って氷河、氷床などとして陸上に固定されるため、著しい海面低下が起こります。最終氷期の最寒冷期には水面が100〜130ｍも低下したと考えられています。

このためベーリング海峡は陸化し、北アメリカとユーラシア大陸が陸続きとなりました。このベーリング陸橋を経由して、両大陸間の動物群の交流や、人類の南北アメリカ大陸への移動が起こりました。この海面低下は日本列島にも重大な影響を及ぼしたのでした。

日本の氷河時代

当時の日本海における海面低下量は、およそ100mであったと考えられています。100mの海面低下が生じると、日本列島周辺の大陸棚はかなりの面積にわたって陸化します。北海道は樺太《からふと》島、国後《くなしり》島と陸続きとなります。本州は瀬戸内海が干上がることにより四国、九州と接続します。

当時の環境を、植物、花粉、氷河、周氷河地形などから検討すると、森林限界は北海道で現在より1600m低下して、北海道の大部分がツンドラないし森林ツンドラとなり、植物は生育していなかったものと考えられています。つまり、北海道は氷に閉ざされており、当時の暖房では人間は住めないところだったのです。

本州中部、四国、九州でも森林限界が1500mも低くなり、それ以高は周氷河地域となりました。年平均温度では7～8℃の低下となったと考えられます。

また、この当時の日本列島周辺の海況も現在とはかなり異なっていました。現在、千葉県銚子沖付近で本州沿岸を離れ、蛇行しながら東流する黒潮は当時九州南東方付近で止まってそれ以上北上することはなく、一方、現在北海道から東北地方の沖合にかけて南下する親潮がさらに南下して紀伊半島あたりまで南下していたと考えられます。つまり、日本近海も相当に冷え込んでいたのです。

地球温暖化のせいで日本近海も温暖化し、それまで日本近海にいなかった有毒のヒョウモンダコや猛毒魚のソウシハギが現われたり、あるいはこれまで無毒だったイシダイが南洋のサンゴ礁に住む魚の持つ猛毒、パリトキシンを体内にため込んだりして問題になっている現代とはちょうど反対の状況になっていたのです。

SECTION 05

縄文時代の地球環境

今から2万１０００年前の地球は最後の氷期の真っ只中にありました。この頃の地球表面の平均気温は現在より約7~８℃以上低く、北米やヨーロッパ北部は大陸規模の巨大な氷床に覆われていました。これらの氷床の厚さは中心部で３㎞を超えたと考えられています。ちなみに南極の氷の量は26.92×10^6立方キロメートルで地球上の氷の90%が南極大陸にあり、９%がグリーンランドにあります。南極の氷の厚さは最も厚い所で４５００ｍ、平均２４５０ｍです。南極の氷が溶けてなくなると、氷の重さで沈んでいた大陸が、重しが無くなったことによって浮き上がります。

反対に、氷が溶けたことにより、現在より海面が40~70ｍ上昇すると考えられています。氷は地球にそれほど大きな影響を与えるのです。２００2年5月には、南極の大きいラーセン棚氷が崩落しました。これは、地球温暖化の影響ではないかと考えられています。

陸地の姿

　巨大な氷床があると、大量の水が陸上に固定されるので、海水面は低くなります。そのため海岸線は海側に広がる、つまり、海底が干上がって海岸となります。かつては現在の大陸棚のほとんどが陸上に姿を現していたことがわかっています。

　当時、ベーリング海峡や、インドネシアとユーラシア大陸、オーストラリアとニューギニアは陸橋によってつながっていました。日本では、瀬戸内海が海面の上昇により陸化していました。

●氷床

海進と海退

最終氷期の極大期を境に地球の気温は上昇に転じ、各地の氷床からは氷が融けて海洋に流出し始めました。ところが、約1万2000年前後の約1000年間、つまり縄文前期では、氷期の寒冷な気候に逆戻りした時期がありました。この時期の寒冷化・温暖化は非常に急激であり、例えばグリーンランドは数十年間に7℃という急激な温度変化を経験しています。この時期の後、気候は再び温暖化の方向に向かいました。北半球の中高緯度の多くが最も温暖な時期をむかえたのは、日本でいえば縄文時代真っ只中の約6000年前のことです。この頃までには、氷床は北米や北ヨーロッパからほとんど姿を消して、グリーンランドと南極大陸に退いていました。つまり海面が上昇し、それまでの海岸地帯は海に沈み、陸上の面積は狭くなっていたのです。

荷重バランス

この氷床から海洋への融水の流出は、かつて氷床があった陸上からは荷重が取り除かれ、一方では海洋底に新たに荷重が加わったことを意味します。その結果、陸上では隆起運動が、海洋では沈降運動が始まりました。スカンジナビア半島では今もこの隆起が続いており、中心部では1年あたり1㎝の割合で地表が高くなっています。

縄文海進

縄文時代は、この地球の温暖化および海水面の上昇が歩みを合わせるようなタイミングで展開しています。約6千年前の温

●縄文海進

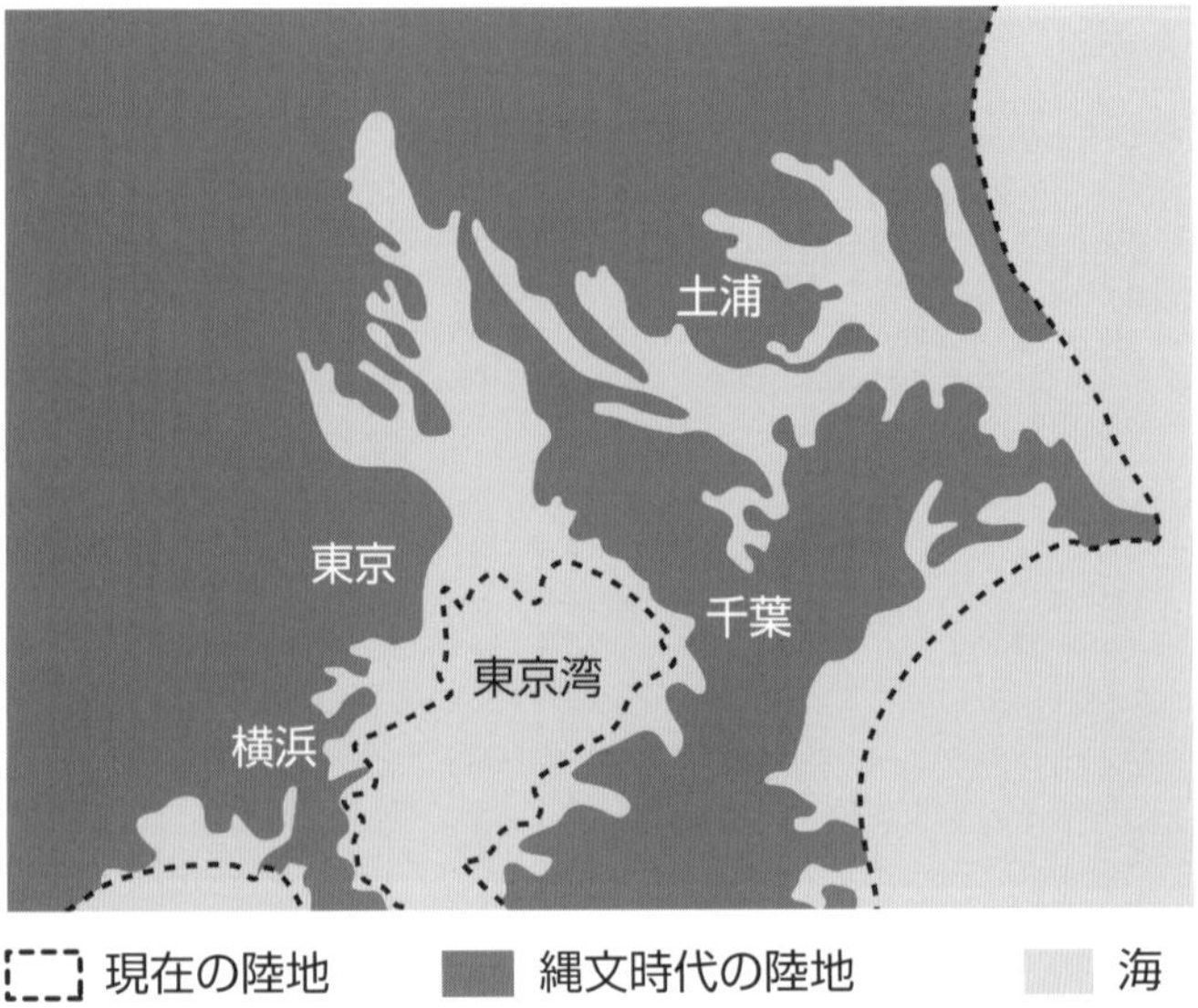

暖期には、日本では「縄文海進」と呼ばれる海水準の上昇が見られます。これは、氷床の融解に伴う海水準の上昇に対応するものです。すなわち、それまでの海岸が海に沈んでしまうのです。縄文時代の海水準の変動を調べると、海水準の上昇が終わり、下降に転じた時期があったことがわかります（海退）。この海退には、先に述べた陸上と海洋の間の質量バランスによって起こった、マントルの日本周辺での局所的な上昇が関与しているものと考えられます。

SECTION 06

氷河時代の名残

現在大きな問題となっている地球温暖化は、人類が石炭、石油、天然ガスなどの化石燃料を燃やすことによって、温室効果ガスである二酸化炭素を急激に増やしたことが原因だと考えられています。

海岸線の上下運動

しかし一方で、このような人間の責任による温室効果ガスの増加によるのではなく、自然の仕組みだけでも温暖化は起こります。約7000年前の縄文時代も温暖でした。この頃は今と違って、人間が二酸化炭素を増やすような世の中ではありません。それでも気温は現在より2～3℃も高く、それにつれて海の高さも今よりも3～5メートルほど高かったと考えられています。現在の地球で、このまま二酸化炭素を放出し続ければ、今世紀の終わりにもそうなると警告されている状態です。

地球の歴史を見ると、最近の7億年ほどの間、地球は約10万年ごとに暖かい時期（間氷期）と寒い時期（氷期）を繰り返してきたことがわかります。その度に地球の海の高さは100メートル以上も変動、上下運動を繰り返してきたのです。

約10万年ごとに氷期と間氷期が交互に訪れるのはなぜでしょうか。いくつか原因は考えられますが、「日射量の変化」が特に大きな原因とされています。日射量とは太陽から地球に降り注ぐ熱、光エネルギーのことで、そのエネルギー量がだいたい10万年の周期で増えたり減ったりしてきたのです。

気温変動の原因

この変化は、太陽における原子核融合反応の増減というような太陽の責任によるものではなく、地球が自転する軸がぶれて、太陽の周りを回る軌道が変化するという地球側の責任で引き起こされたものと考えられています。つまり、先に見た地球の磁極が移動するのと同じ原理です。

日射量が増えると気温が上がり、地球上の氷が融けて海水面が上がります。しかしそれだけではありません。気温が上がれば海水の温度も上がります。海水は膨大な量の二酸化炭素が溶けていますが、水が吸収する気体の量は、水の温度に反比例します。つまり、開始温度が上昇したら、二酸化炭素は海水に溶けていることができなくなり、大気中に放出されます。

その結果、大気中の二酸化炭素濃度は高まり、空気の温度は高くなります。つまり一度温暖化が始まると、地球上の二酸化炭素やメタンといった「温室効果ガス」の濃度が上がり、さらに温暖化が進んだことが最近の研究で明らかになっています。

縄文時代と現代の違い

最近の研究からわかったことは、現在の温暖化は、過去の温暖化とは少し違うようだということです。つまり、現在の温暖化のスピードは今までにないほど速いのです。地球の気温がどう変化してきたかを振り返ると、2万1000万年前から1万年かけて4~7℃上がっていたのが、最近(20世紀後半)の気温はその10倍ものスピードで上がっています。私たちは、地球がかつて経験したこともないような急激な温暖化の時代を生きているのです。

氷河時代と縄文時代

日本がまだ大陸と陸続きになっていた氷河時代に、ナウマンゾウやオオツノジカなど大型の動物を追い求めて、人々は大陸から日本列島にやって来ました。約2万年前頃が最後の氷河期で、海水面が約100メートル低下していたようです。人々は歩いて日本列島に移住して来て、丘陵上に住み、獲物を求めて移動する狩猟・採集の生活を営んでいました。この頃、まだ土器はなく、彼らの道具は石を割って作ったナイフ型石器や細石刃《さいせきじん》

●細石刃《さいせきじん》

などの打製石器が主な物でした。

　氷河期が終わり、気候が温暖化すると、生態系が変化して現在のような森や動物が現れました。約6000年前頃には海面が上昇し、今の日本列島の形に近づきました。

　人々は、豊かな自然の恵みに支えられ、地面を掘って作った「竪穴住居《たてあな》」に住み、小集落を形成して定住し、狩猟・採集・漁労の生活を営みました。この頃は土器が初めて使われた時代で、土器の表面には縄、竹、貝殻などで複雑な文様が刻まれています。食物の煮炊きやドングリのアク抜きに使われるなど、土器のおかげで食生活が豊かになりました。また、矢じりの発明により弓矢が使われ、動きの早い小動物の狩りも可能になりました。

●竪穴《たてあな》住居

SECTION 07

寒冷化への回帰

縄文時代後期（紀元前約2000～1000年）になると、地球は再び寒くなり始めます。寒冷化した日本列島では、海面が下がり、海が遠くなりました。貝塚を作っていた大きな村も、少なくなっていったと考えられています。森の様子も変わり、食べ物や暮らし方も変わっていきました。このように、数千年おきに寒冷化と温暖化が繰り返すなかで、縄文人は生きていたのです。

気温と縄文遺跡

日本最大級の縄文集落跡、三内丸山遺跡（青森市）が栄えた約5000年前は、遺跡付近の海水温は今より2℃ほど温かったようです。現在、大きな実のなるクリ林は、山形県あるいは宮城県南部以南に限られますが、当時は三内丸山遺跡のある青森県でも大きなクリが採れたことを裏付けるものです。

三内丸山の集落が成立したと言われている約5900年前に陸の気温が急に上昇し、特にドングリやクリなどが繁茂したほか海産物も豊富に採れるようになったことが三内丸山のような大集落を可能にしたと言われています。

ところが約4200年前、日本列島は急に寒冷化に向かいました。日本全体の人口は縄文時代最初期(12000年前)の約2万人から三内丸山遺跡が存在した縄文時代中期にはピーク(約26万人)に達した後、晩期には再び減少(約8万人)しています。

●三内丸山遺跡

気温と文明

これは三内丸山遺跡の盛衰と合致します。さらに三内丸山遺跡付近が急に寒冷化したのとほぼ同時期（4000〜4300年前）には、中国の長江周辺の文明や西アジアのメソポタミアなどの文明も衰退しており、アジアの中緯度域でほぼ同時に見られたこれらの現象は、寒冷化あるいは乾燥化などの影響が原因かもしれないとする説もあります。

現在、地球は温暖化しているようです。温暖化に向かうときには文明はおしなべて発展するようです。文明が発展すれば、気温上昇はどこかで吸収、是正することができるでしょう。

問題は、やがて訪れるであろう、気温下降の局面です。このときには文明も下降を始めているかもしれません。その時に文明は、気温の下降を吸収、是正する力は無いのではないでしょうか？　もしかしたらその時こそ人類文明は存亡の時を迎えるのかもしれません。

Chapter.2
縄文時代の地形変動

SECTION 08

海水面の上下変動

縄文時代は氷期から間氷期に移行する時期にあたります。そのうえ、縄文時代という時代は約1万年以上も続きます。人類史において1万年も続いた時代は他にありません。この1万年の初期と晩期では、氷河の量も位置も変わり、それに伴って気温も気候も大きく変わったはずです。当然、それにつれて海面の水準も動き、海岸線も動き、国土の形も広さも変化したでしょう。

●日本地図（図1）

2枚の日本地図

図1を見てください。たぶん日本地図なのでしょうが、それにしては四国も九州もありません。みんなくっついています。こんな変な、太っちょの日本列島があるでしょうか？　一体どういうことなのでしょう？

現在の日本の正しい地図は図2です。図1は、今から約2万年前の氷河期における日本の姿なのです。氷河期のため、海水が氷河、氷床となって陸上に上がり、固定されます。その分だけ海水が少なくなるので海水面が下がり、海底が干上がって陸になり、陸地が広がったのです。

●日本地図（図2）

それが日本列島の太っちょになった理由なのです。

海退

いわゆる「海退《かいたい》」という現象が起こったのです。海退とは海がしりぞく、すなわち、海岸線が遥か沖合に遠のくことをいいます。もちろんその分、陸上は海にせり出し、面積が広くなります。

図1の場合は海面が非常に下がり、図2と比べると、120〜140mほどの差ができています。つまり、現在の海岸線が当時は標高120〜140mの丘あるいは低山になっているのです。

この結果、北海道は本州と陸続きになっており、現在の津軽海峡は無くなっています。それだけではありません。瀬戸内海は消え失せ、関門海峡も無くなって、西日本一帯は、今では想像もつかない様相になっています。壇ノ浦における源平合戦も、義経の八艘飛びも夢のまた夢です。

海進

図3を見てください。先程の2つの日本地図と違って、大変スリムな日本の姿です。実はこれが今から6000年ほど前の縄文時代で、先ほどの「海退」とは反対の「海進」が最大になったときの日本なのです。この時は地球の気温は上昇していました。

現在では仙台湾あたりを北限とするハマグリが、この時は海水の温暖化により、オホーツク海沿岸までも進出していました。つまり、オホーツク海でもハマグリが取れたのです。しかし、この時期を過ぎると、次第に気温は下がり、海水

●日本地図（図3）

が引き始め、海面は2～3メートル下がったようです。そして、縄文時代晩期から弥生時代になると、海面は現在と同じか、若干低下した位置に落ち着いたようです。

この日本列島がスリムになった時、世界的な平均気温は現在より2℃程上がったと言われています。たった2℃でこれだけの違いになるのです。現在、世界中が騒いでいる、地球平均気温を産業革命時代の1・5℃上で抑えようとの掛け声はこのような意味を持っているのです。もし2℃上昇したら、世界の陸地は相当狭くなってしまうでしょう。

当時は雨が相当降ったようです。「サ

●タッシリ遺跡の壁画

©Gruban

ハラ砂漠」は現在でこそ世界一広い砂漠です。ところがこの時は実はサハラは砂漠ではなく、「緑の草原」だったことが知られています。1982年に世界遺産に登録された、サハラ砂漠中央部山岳地帯にあるタッシリ遺跡の洞窟には、牛や羊、キリンなどの野生動物、あるいは植物などが描かれています。サハラの周辺も湿潤な気候であったことがわかります。

温暖化の原因

この時の地球温暖化は、現在の二酸化炭素濃度の増大によるものとは違って、別の要因によるものと考えられています。おそらく地球軌道の変化だと考えられています。

この時期は、縄文時代の早期末~前期の時期に当たります。この時期は日本でも地域によって差はありますが、温暖化のせいで海面は、平均して現在より2~3メートル高い位置まで上昇していました。海が内陸の方にずいぶんくい込んでいます。東京湾も伊勢湾も諫早湾も、それがはっきりとわかります。鎌倉の鶴岡八幡宮や大仏様の境内は波打ち際寸前だったようです。

SECTION 09

森林の変貌

動かないはずの陸地も、気候の変動に応じた海進・海退で拡大・縮小・変形することは当然のことです。変貌するのはそれだけではありません。中身も、つまりそこに生える植物も、それを食べ、そこに住む動物の種類も生活もふくめて、すべての自然が変化します。当然、それらに囲まれ、それらと共に生きる人間の生活も変化します。

日本列島での人間の居住

この小さな島国である日本列島に人が住むようになったのは十数万年前であろうと考えられています。

それまでの日本列島は、大陸と陸続きになったり、今よりもずっと小さな島であったりという繰り返しの長い歴史を辿ってきましたが、この頃ようやく現在の姿をとるようになったと考えられます。

約1万年前に最後の氷期を過ぎて、日本が列島として形成された後、気候の温暖化に伴い海岸線が内陸へと進みました。「これが「縄文海進」とよばれる海進で、約6000~5000年前にピークを迎え、海面は現在の海面より2~4ｍも上昇しました。

この頃、現在の沖積平野の大部分は海中に沈んで、複雑に入り組んだ海岸線で区切られた浅い入江は、魚介類のよい生棲地となっていました。この頃の遺跡の貝塚にはおびただしい魚の骨と貝殻がみられ、魚介類が重要な食糧源となっていたことがわかります。今日では冷涼な中

●貝塚

部山岳地帯以北も、そのころは暖かかったため、動植物が豊富で狩猟・採集を主とした縄文人の居住地は、平面的にも高度的にも拡がったのでした。それにつれて食生活も豊かになり、人口も増大したことでしょう。

植生の変化

稲作が渡来したのは、このような時期の後のことです。稲の栽培には温暖多湿な気候が適しています、稲作が渡来した縄文晩期から弥生前期にかけては、後氷期のうち最も気温が低い時期であり、現在より稲作に対して条件が悪かったと思

●吉野ヶ里遺跡（弥生時代）

われています。

最も気温が低くなったのは弥生中期の1世紀ごろとみられますが狩猟・採集ではもはや生活が維持できなくなり、無理をしてでも生産力の高い水稲耕作に転換せざるを得なくなりました。

この時期には、気候が冷涼な反面、海面が現在の水準より2m程度下がり、海岸線が後退して沿岸部に低湿な平地が出現しました。この現象を「弥生小海退」といいます。土地改変の技術が未熟であった弥生人にとって、湿地が多いことは食糧生産の場が豊富にあることを意味します。このように、稲作にとって都合がよく、天水で耕作が可能となる土地があちこちに現れたため、気候が少しくらい悪くて、気温が少々低くても、それを補って稲作が急速に拡大することができたのでしょう。

SECTION 10

地震と津波

縄文時代は１万年以上続きました。１万年は１００年の１００倍です。現在、私たちは大きな自然災害を「１００年に一度」「１０００年に一度」の大災害といいます。とはいうものの１０００年に１度の大災害など、実際には二度と起こるかどうかもわからないような超大災害です。

しかし、１万年というのは、その１００年に一度の大災害が１００回起こる長さなのです。１０００年に一度の、二度と起こらないような超大災害だって10回は起こっている可能性がある長い期間です。

縄文時代にはどのような災害があったのでしょう? そして現在の私たちはその災害をどのようにして知ることができるのでしょう?

地震

縄文時代に地震どころか、大地震、超大地震が起こっていた可能性があろうとは誰しもが思うところです。しかし、文字も伝承も無い縄文時代に起こった地震などの自然災害は、知る縁がありません。これまでは、「地震もあったのではなかろうか?」と推定するしかありませんでしたが、最近、実証的に探究することができるようになりました。

それは発掘によって、地震による断層あるいは地層の割れ目を発見することから始まります。そして、その断層あるいは割れ目の跡に積もった地層の厚さ、構造から地震の規模、強さ、地震が起きた年代を推定するのです。

すでに次のいくつかの発見例があります。

- 耳原遺跡(茨木市)
- 久宝寺遺跡(八尾市)
- 池島遺跡(東大阪市)
- 東新町遺跡(松原市)

今後、超音波、レーザー、電導度調査などで、地中の不連続面、つまり断層や割れ目を発掘によらず、遠隔調査で発見することができるようになったら、この面の研究も大きく発展することになるでしょう。

現在でもわかっていることは、地震に伴って地盤の流動化、流砂現象が起こっている例があるということです。海退によってできた湿地帯に地震が起こったせいなのかもしれません。今後の研究をまちたいところです。

津波

藤沢市の片瀬宮畑遺跡で縄文時代晩期(約2900年前)に起きた高潮か津波によると考えられる堆積物が確認されたとのことです。この時期の地震の痕跡は 神奈川県各地で確認されていますが、高潮か津波の痕跡が確認されるのは初めてということです。

この頃の家屋は簡単な掘立小屋ですから、大きな津波に襲われたら、根こそぎさらわれてしまって、何も痕跡は残らない可能性があります。今回の堆積物がどのような物で、何を根拠にして津波や高潮の被害と断定したのか、興味のある所です。これを突破口にして、方法論が確立したら、今後、同じような発見が続く可能性があります。縄文時代のことが多方面にわたって明らかになり、研究が進むことでしょう。

SECTION 11
火山噴火

縄文文化に壊滅的な被害を与えた自然災害の一つとして「鬼界カルデラ」の大噴火という火山爆発が知られています。鬼界カルデラは鹿児島県南方およそ50㎞の硫黄島と竹島を含むカルデラで、その大半が海底にあります。

カルデラ噴火というのは、いくつかある火山爆発のスタイルのひとつであり、2回にわたって起こる爆発です。まず1回目は普通の火山爆発であり、爆発によって火山の内部の土砂が噴火と

●鬼界カルデラ

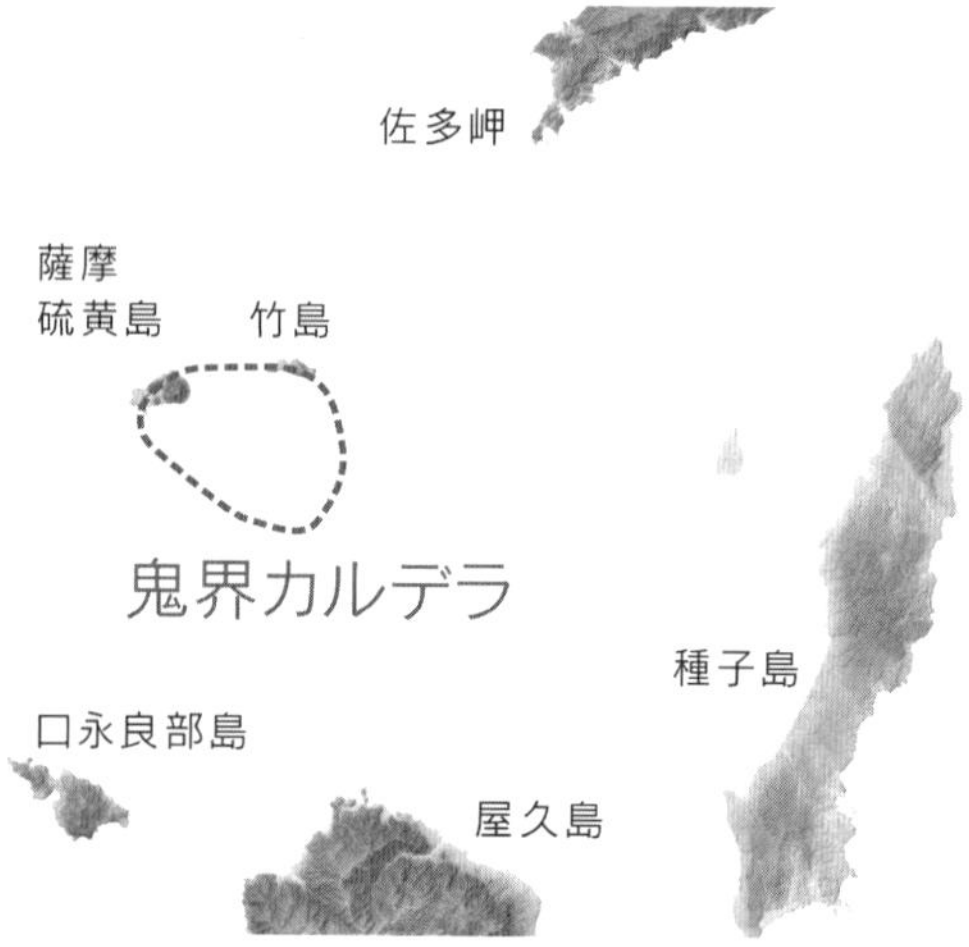

なって周囲に飛び散り、火山の内部が空洞になります。次に残った火山の外殻が自分の重さに耐えられず、火山内部に沈み込むように山体崩壊を起こすという噴火です。阿蘇山がカルデラとして有名であり、あのように周囲に山体の一部が円形の堤状に残り、中央に巨大な窪地ができる噴火です。

約7300年前（約6300年前とする説もある）に生じた鬼界カルデラの一連の大噴火の際に、最後の大規模火砕流（幸屋火砕流）が推定時速300㎞ほどの高速で海上を走り、大隅半島や薩摩半島にまで上陸しました。その時のアカホヤと呼ばれる火山灰は東北地方

●阿蘇山のカルデラ

まで達しました。

　幸屋火砕流は当時火山周辺に住んでいた早期縄文時代の人々の生活に大打撃を与えたと考えられています。そのため、周辺はその後、１０００年近くは無人の地となったようです。その後に住み着いた前期縄文時代の人々は以前とはルーツが異なり、土器の様式も変わりました。

　また、大噴火の際に海中に突入した火砕流の一部は大津波を発生させました。津波の推定高さは大隅半島で30ｍと推定されています。津波の痕跡は長崎県や三重県でも確認されました。

●鬼界カルデラの噴火による火山灰

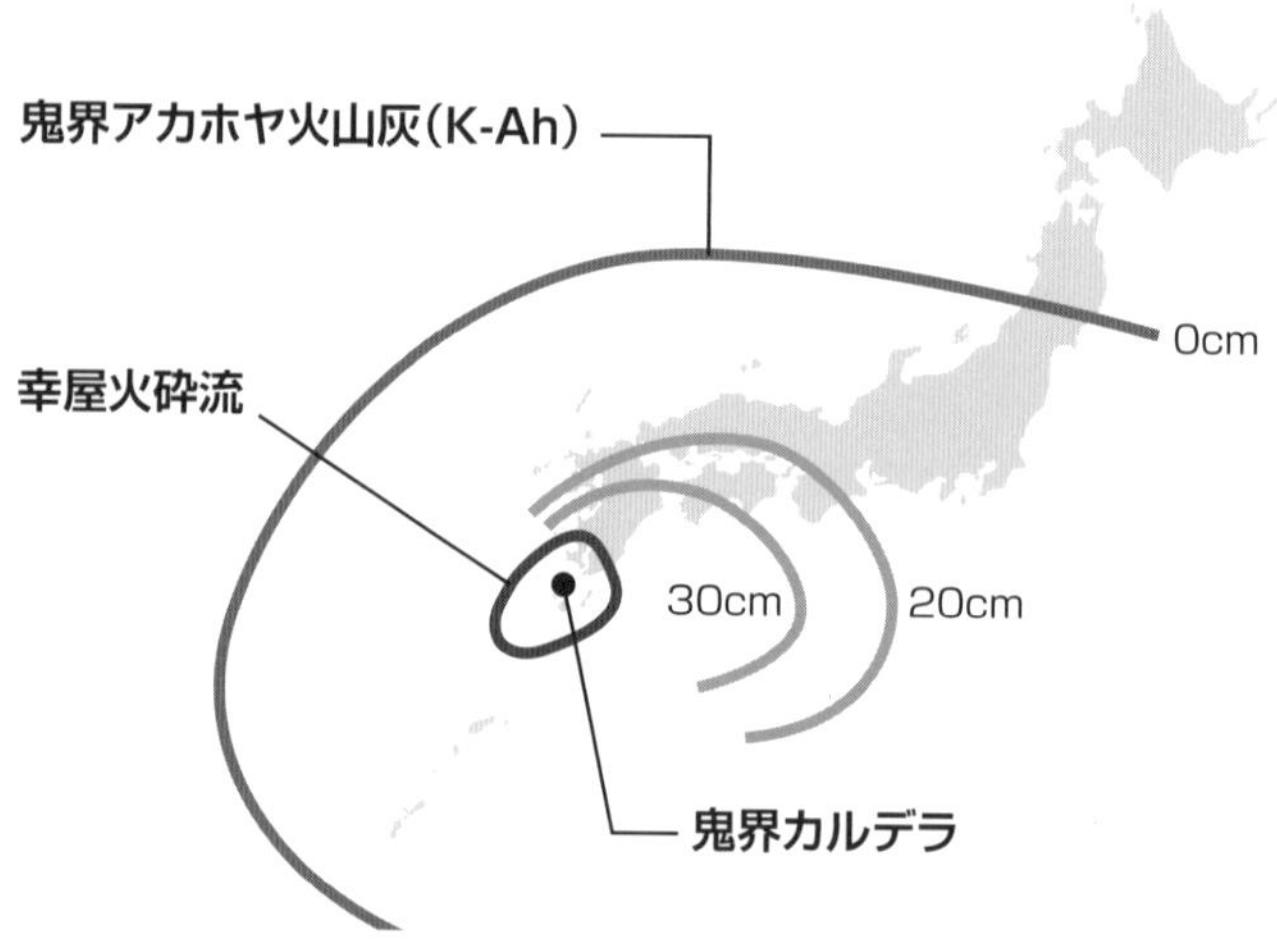

Chapter. 3
縄文時代の人的変動

SECTION 12
縄文人とは

日本史における最初の時代は縄文時代です。縄文時代に日本に住んでいた人々を縄文人といいます。

石器時代

世界史、日本史ともに、古代史の区分の一つとして「石器時代」があります。石で作った道具を使っていた時代です。世界史では、石の加工の仕方によって石器時代を「旧石器時代」と「新石器時代」に分けています。旧石器時代の石器は石を「叩いて割って」作ったものです。それに対して新石器時代では石を「磨いて」作っています。

日本の縄文時代も石器を使いましたが、それは磨いた物だったので、縄文時代は世界史的には新石器時代に相当します。それに対して縄文時代以前の石器は叩いて作っているので、その時代、つまり縄文時代以前は旧石器時代に相当します。そのため日本では新石器時代を縄文時代と呼んで、「旧石器時代 ↓ 縄文時代 ↓ 弥生時代」と呼ぶことになったわけです。

日本の旧石器時代

日本における縄文時代以前、すなわち、旧石器時代はいつごろから始まったのでしょう？　残念ながらこの質問に明確に答えることはまだできませんが、現在のところ確実に石器といえるもので4万年以上前の物は見つかっていません。

そもそも旧石器時代の研究は太平洋戦争後からスタートしたばかりです。それまでは、日本列島に人類が住みついたのは、縄文時代からというのが定説でした。それが、現在では国内で1万箇所以上の旧石器遺跡が見つかっているといいます。

たとえば、沖縄県島尻郡八重瀬町の港川フィッシャー遺跡では、2万2000年前の港川人の人骨が出土しています。港川人は、日本では数少ない旧石器時代の人骨で、出土した場所の地名から港川人と呼ばれます。身長は150センチ程度と小柄です。

肩幅は狭いですが、下半身の骨格は丈夫で、荒れた土地を走るのに適していたとされます。

最近、この港川人が、現代の日本人に遺伝的に直接つながる祖先だった可能性がＤＮＡ解析からわかったといいます。日本人のルーツは、縄文人や大陸から渡来した弥生人による「混血説」が有力ですが、さらに古い港川人までさかのぼることになりそうです。

日本人の起源

日本人の起源は、約1万5０００年前から約3０００年前にかけての縄文時代

●港川フィッシャー遺跡

に、北海道から沖縄まで広く居住していた縄文人と、その後に大陸から渡来した弥生人が混血したものであることがDNA解析などから裏付けられています。

縄文人のDNAを東アジアで現在暮らす人々のDNAと比べた結果、縄文人の祖先となる集団が東アジアの大陸に残った集団からわかれた時期が約3万8000年前から1万8000年前であることがわかったといいます。

縄文人は日本列島に約1万6000年前から3000年前まで暮らしていたと考えられます。3000年前以降は大陸から新たに弥生人が渡来し、縄文人と弥生人以降のゲノムが交わったものと考えられています。

最近の解析では、国内の地域ごとに縄文人から現代人に受け継がれたゲノムの割合が大きく異なることもわかりました。つまり、本州の人々は縄文人のゲノムを約10％受け継ぐ一方、北海道のアイヌの人たちでは割合が約7割、沖縄県の人たちで約3割ということです。

SECTION 13

人口変化

縄文遺跡の住居跡などから割り出してみると、紀元前２３００年のころ、日本には約26万人が住んでいたと見られています。このような、当時としては大人口を抱えることができた理由は、原始時代としては高度な狩猟採集経済を営み、限りある空間を最大限に利用していたせいと考えられます。

世界最大の人口密度

この人口密度は狩猟採集社会としては、世界一高かったといわれます。ところが縄文時代も晩期に入ると、その人口が一気に減少します。それも26万人の人口が、８万人にまで落ちてしまうという急激な減少だったのです。

原因は、気候変動で気温が下がり、食料供給量が激減したことが考えられます。クルミ、ナラ、トチの実など、貴重な食料であったナッツ類が気温低下の影響を受けて激減してしまったのです。そして食料の供給量に合わせるように、人口もみるみる減っていったのでした。

急激な人口減少

この時代は、気温低下の他にも火山の噴火などの自然災害があり、一瞬、大きく人口を減らすこともあったようです。ただしこれは、地域的な変化であって、列島全体の人口減少ということにはならなかったはずです。

26万人という数字は、現在の東京なら

●トチの実

ほぼ墨田区の人口です。これだけの人々が日本列島全土を使って生活していたのですから、かなりの余裕の人口密度と考えられます。しかしそれでも、当時の技術水準から見ると、すべての技術をフルに動員して、増やせるところまで増やしたギリギリ一杯の人口だったのでしょう。

そのような極限状態にあるときに気候変動がやってきたのが急激な減少の大きな原因となったものと考えられます。膨らんだ風船に針を充てるようなものです。

弥生時代の復活

26万人いた縄文の人口が、8万人まで激減しましたが、次にやってきた弥生時代には再び人口は増加に転じます。海の向こうから持ち込まれた稲作の技術が、全国に拡大し、そのせいで食量の供給量がアップし、それが原因となってまたたく間に人口を押し上げたのです。

この正のスパイラルによって、一時、8万人まで落ち込んだ人口は、紀元前2300年から紀元前1000年までの約1000年間で8倍の60万人まで伸びたのでした。

この縄文後期の人口減少期から、弥生時代の人口増加期にかけての人口カーブは、日本列島の人口変動に共通する黄金パターンということができます。その後も、日本列島の人口の増加のポイントには、多くの場合、海外から持ち込まれた技術革新がありました。新しい技術や社会制度などが持ち込まれるたびに、文明システムが転換し、人口は増えていったのです。

一方、そうした新しい技術が定着し、発展の余地がなくなると、人口は横ばいに転じるのが常です。そしてそこに気候変動などが起こると、一転して人口が減少していきます。これが、その後の日本の人口変動の典型的なパターンの一つとなっていったのです。

SECTION 14

居住地域移動

縄文時代より以前、旧石器時代の人々は、ナウマンゾウやマンモスなどの大きな獲物を追いかける狩猟生活が主でしたから、移動しながら生活していたと考えられます。

定住生活

そのため、住んでいたのは現代のモンゴルの放牧民のような、すぐに移動できる折り畳み式のテントのような家だったでしょう。

それが縄文時代になると、人々は採集生活を混ぜ、木の実なども食料に加えましたから、長い間同じところで生活できる家を作り、みんなで集まって生活するようになりました。これが集団生活の場である「村」の始まりです。

交流・交易

縄文時代の人々は、一カ所にとどまっているだけではありません。遠方の人とも、交流や交易を行っていました。時には丸木舟に乗って海を渡り、遠く離れた場所の特産品を手に入れることもありました。

縄文時代の遺跡を見ると、本州でしかとれないヒスイ(翡翠)という美しい石が北海道で見つかったり、北海道の黒曜石が本州で見つかったりしています。また、暖かい南の海でしかとれない数種類の貝が北海道で見つかっています。これらはみな、遠隔地との交易を物語るものと言

●ヒスイ(翡翠)の原石

えます。

人々は、これらのヒスイや貝などを使って、首飾りや、腕輪などのアクセサリーを作っていました。また、黒曜石はガラス質で非常に硬いので、研いで先を鋭くとがらせて、狩りに使う石鏃や石槍、ナイフなどにして利用していました。

このように縄文時代にも全国規模での交流が行われ、人々やモノや情報の活発な動きがあったようです。

●黒曜石

SECTION 15

家族構成

縄文時代の人々は家で暮らしていました。そこで一緒に暮らす「家族」はどのような構成だったのでしょう。

結婚

当時の結婚は異なる家族間のネットワークを作るのに利用されたと考えられます。してみれば、子が生まれた時点でどこに嫁がせる、どこにいくのかあらかじめ決まっている可能性が高くなります。そう考えると、自由恋愛は基本的になかったと考えるのが自然です。

日本でも、戦前においては恋愛感情抜きの結婚は、実は非常に多く見られた婚姻形態です。また、世界の狩猟採集民や農耕民の間でも、恋愛感情に基づいた結婚は、実は事例としてはそれほど多くないといわれています。

縄文時代にどのような婚姻形態が取られていたかは、実はよくわかっていません。研究者によっては、一夫多妻であった可能性もあるとしています。場合によっては、一妻多夫であったと考えている研究者もいます。

しかし、世界的に見て、一妻多夫という婚姻形態は珍しいです。したがって、縄文時代の場合も、住居の規模などから見ると、一夫一妻、もしくは一夫多妻という形態はあり得たかもしれません。

●竪穴住居の室内

家族

竪穴住居の中に住んでいた人の数が5人から6人とすると、これに見合った規模の家族が住んでいたと考えられます。世界各地の狩猟採集民の例を見ると、一つの家に住む人々は核家族が多くなっています。この例に従えば縄文時代にも一つの住居には核家族が住んでいただろうと考えられます

また、墓から出土した人骨などを分析すると、家族の形態としては、現代のような核家族だけでなく、祖父や祖母などを加えたいわゆる拡大家族が縄文時代の基本単位であっただろうとも考えられます。

SECTION 16

村落構成

縄文時代の人々は村を作って集団生活をしていたと考えられています。一つの村は竪穴住居が4～5棟で構成され、中央の広場を囲むように家が建てられていたという景観が一般的です。この時期の村は人口がだいたい30人程度で、食料を追い求めて、ある程度の季節的な移動生活をしていたと考えられています。

発掘品

青森県の三内丸山遺跡の捨て場からは、骨や角で作られた骨角器や木製の漆器、樹皮製の編籠のほか、食料残滓である動物の骨や木の実の殻なども出土しました。また、竪穴建物や貯蔵穴の他、大量の土器片や石器、土砂が積み重ねられた盛土、延長420ｍにわたって延びる土坑墓（大人の墓）列と道路跡、小児用の土器棺墓（子どもの墓）等が見つかり、はじめて村の全容が明らかになりました。

縄文時代の村

縄文時代の代表的な家を、竪穴住居といいます。これは、地面を掘って何本か柱を立て、上に屋根をかけた半地下式の家です。

村のなかには竪穴住居だけでなく、太い柱を使った大きな建物や、みんなが集まる広場、亡くなった人を埋葬するお墓、貝殻や食料の食べカスを捨てる貝塚などが作られました。

村のまわりに広がるクリやクルミなどの森は手入れをされ、生活に必要な食料や木材を手に入れることができる「縄文里山」として大切にされていました。

巨大施設

三内丸山遺跡で発見された村の諸施設の中でも、特に注目されたのが、直径１ｍ以上のクリの木柱が据えられた6基の巨大な柱穴です。1間×2間の配置で整然と並ぶその柱穴は巨大な建造物の存在を示すもので、この遺構の発見は全国的な注目を集めました。

また、ストーンサークルともよばれる、いくつもの石を直径30～50mの大きな円形に並べた環状列石も見つかっています。

●三内丸山遺跡の六本柱建物

Chapter. 4
縄文時代の衣食

SECTION 17

食料素材の変化

縄文時代はその初期の氷河時代を除けば今よりも気候が暖かく、クリやクルミなどの実がなる木がたくさん育ち、豊かな森が広がっていました。人々は、森の恵みである木の実や山菜、キノコなどの植物をとって食べていました。また、森にいるシカやイノシシ、野ウサギなどの動物をつかまえるため、狩りをし、そのパートナーとしてイヌを大切に飼っていました。海や川では、サケやブリ、ヒラメなどの魚をとり、また、シジミやアサリなどの貝を集めて食べていました。

植物相の変化

内陸部の丘陵では気候の温暖化に伴い、氷河時代に茂っていたトウヒ、モミ属などの亜寒帯針葉樹は北上するか、高地へ移っていきました。縄文時代始めにはブナ、ナラなどドングリのなる落葉広葉樹林が南から徐々に北上し、約８５００年前の縄文早期中ごろには温帯の落葉広葉樹林が太平洋側から東北地方まで広がりました。

縄文海進が進んだ早期末から前期の約６１００年前ごろには、コナラ、クリなどの暖温帯の落葉広葉樹林が東日本の内陸部にまで広がり、さらにシイ、カシなどの照葉樹林が西から拡大した結果、中部地方を境に西の照葉樹林と東の落葉広葉樹林という現在の植物相が形成されました。

しかしその後は、気候の冷涼化によって暖温帯のカシなどとともに冷温帯のア

●縄文時代の植物相

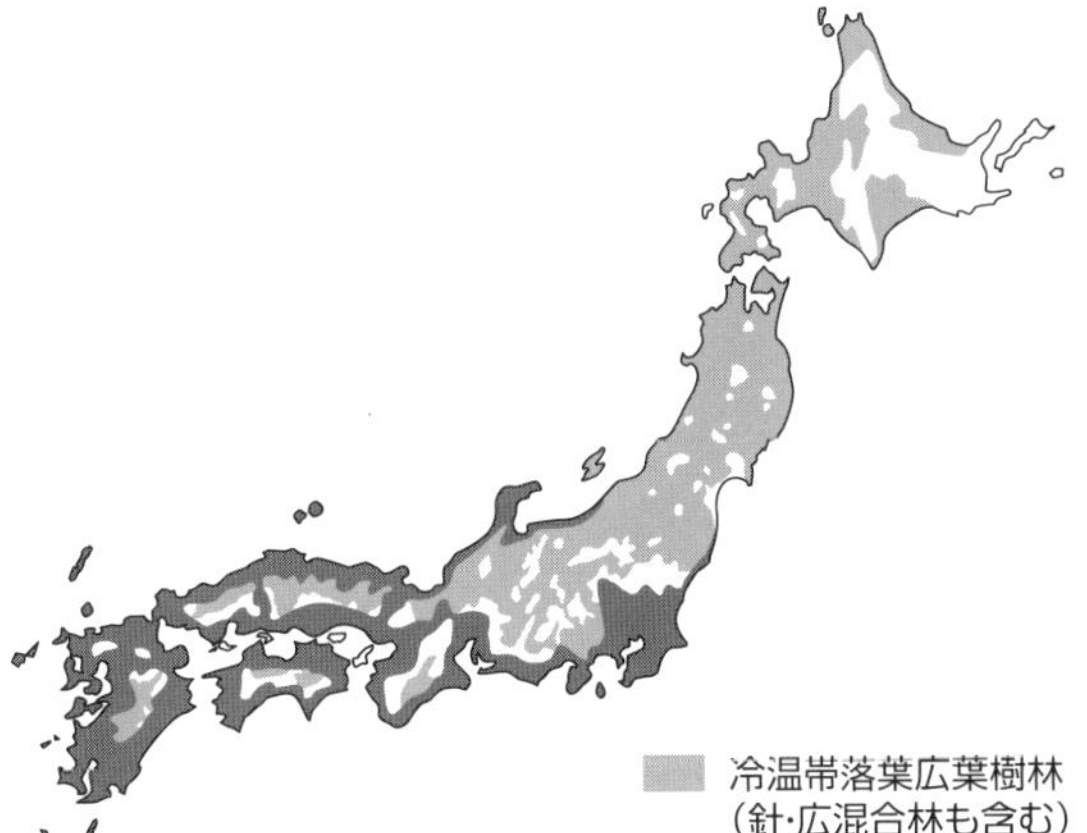

サダ、トチノキなどが共生する植物相になっていきました。

植物性食料の変化

こうした植物相の変化は、植物性食料の確保に大きな変化を与えるとともに、それを基礎とする生活に大きな変革をもたらしました。その変革は食料の多量保存と居住の定住化として現われました。特に定住化は「定住革命」とも呼ばれ、縄文文化の大きな特徴です。

植物相の変化は動物相にも影響を与え、ナウマンゾウやマンモスに代わって、シカ、イノシシなどの俊敏な中小型獣が主体となった結果、それに見合う効果的な狩猟具として弓矢が発明され、後には犬が飼育されるようになりました。

気候変化による木の実を着ける樹木林の形成は、縄文人に食料の安定供給をもたらしただけでなく、木の実を食料とする動物にも同じ効果をもたらしました。こうして、森林は狩猟、採集のみならず、居住・道具類などの原材料獲得地として、縄文人に様々な恩恵を与えたのでした。

彼らはそうした森林の恵みを有効に活用することで、生活と文化の安定を保ったのでしょう。

縄文人の食生活

縄文人は、春には山菜、夏には海産物、秋には木の実や果物、冬にはシカやイノシシ、といったように四季の恵みを最大限に利用していたようです。ドングリやエゴマを材料にした加工食品を作っていたこともわかっています。こと食材に関しては、彼らの方が現代の私たちと同等か、もしかしたら豊かだったかもしれません。

ちなみに、縄文時代の人骨を見ると、幼少時にポリオや筋ジストロフィーにかかりながらも成人するまで生きていたり、骨折した太ももの骨が元通りには治らずに歩きにくい状態のまま、数年のあいだ生きていたりなど、親族をはじめとする周囲の人々の介添えがあったと思わせる事例があります。

それらを見ていると、いたわりの気持ちが伝わってきますが、それも豊かな食生活に支えられたものだったのでしょう。

飼育と品種改良

日本には稲という植物はなく、縄文時代に中国や朝鮮半島から伝えられたといわれています。大昔の稲は、いろいろな品種がまざって作られたものでした。それを品種改良して病気に強く、収穫量の多い優良品種を作っていったのでしょう。

品種改良は難しいことではありません。品種改良の最初は、育った作物の中から良さそうなものを選んで増やすことから始まります。たとえば、ある病気が流行した年に、その中で実ったものを次の年のタネにするだけでも、その病気に対して強い品種を選んだことになります。また、自然にかけあわせが起こったりして、それまでと違う稲が出てきたら、その場所で繰り返し植えて、その土地に1番合ったものを選んでいったのでしょう。

これまで、縄文時代の家畜はイヌのみであり、ブタなどの家畜はいないと言われてきました。しかし、イノシシ形の土製品やイノシシの埋葬、離島でのイノシシ出土例から縄文時代のイノシシ飼育が議論されてきました。

しかし最近、縄文時代のイノシシ骨の中にも家畜化現象と疑われる例があることがわかってきました。また、イノシシがヒトやイヌと共に埋葬されている例が知られるようになり、改めてイノシシについてヒトやイヌとの共通性を議論する必要が出てきました。イノシシ形土製品・イノシシ埋葬・離島でのイノシシ飼育・骨格の家畜化現象の4項目について検討すると、縄文前期からすでにブタが飼育されていた可能性が大きいと思われるに至りました。

しかし、縄文時代のブタはイノシシからの骨格的変化が小さいことから、野生イノシシと家畜のブタが交雑可能な程度の、かなり粗放的な飼育であったと推測されます。ブタの存在がほぼ確実になったことは、縄文時代が単純な狩猟・漁労・採集経済ではなく、イヌとブタを飼育し、ある程度の栽培植物を利用する新石器文化であったことを意味するものであるといえるでしょう。

●イノシシ形土製品

SECTION 18

調理技術の向上

縄文人は木や石など自然のものを利用して、さまざまな道具を作り工夫して調理していました。

①切る

黒曜石を磨いて作った石製ナイフを用いました。黒曜石は天然のガラスであり、上手に作られた黒曜石ナイフの中には、現代の包丁よりよく切れる物があります。

●黒曜石のナイフ

②掬う

つまみが付いた石器の匙《さじ》を使いました。一般的に皮をなめすときやナイフのような用途として使われたと推定されます。

③叩く

クルミは、堅い殻の中に食べ物となる部分が入っています。ドングリも殻の中にあります。これらの堅果の中身を食べるには固い殻を割らなければなりません。殻を割るのに縄文人は石を使いました。柔らかく大きい石にクルミがのる程度の窪みを作り、そこにクルミを置いて転がらないようにした上で、手のひらくらいの大きさの石でたたいて割っていたようです。

④磨り潰す

クルミやクリ、ドングリなどの木の実は、そのまま食べたり、煮て食べていたこともあったでしょうが、縄文遺跡からは、木の実をすりつぶすのに使われた石の道具が見つかっています。縄文人は石の道具で木の実を粉状にし、肉などを混ぜてクッキーを作っていたようです。

⑤焼く

私たちは食べ物を焼くのにフライパンを使いますが、縄文人は食べ物を焼くのにも石を使いました。

⑥煮る

食べ物を煮るには土器を使いました。イモ類やドングリのように煮ると柔らかくなり食べられるようになるものがあります。また、スープを作るにも水とともに材料を煮る必要があります。

●縄文土器

調理技術の向上

狩りで取れた動物は、生で食べたり、直火で焼いたりしたこともあったでしょう。しかし、もう一工夫してより美味しくしたであろうことが推測される例もあります。

① 蒸し焼き

住居跡からこぶし大の焼石が、まとまって発見されることがあり、「礫群《れきぐん》」と呼ばれています。土器がなく、煮炊きのできなかった当時の人々は、石を焚火の中で焼き、それを取り出してその余熱で蒸すといった調理をしていたと考えられています。

② クッキー

ドングリやトチの実などは土器の中で、熱湯で煮てアク抜きをして食べました。長野県などの遺跡では、炭化したパン状やクッキー状のものが出土しており、これらの成分を分析した結果、木の実・動物の肉・鳥の卵などを混ぜて作っていたことがわかっています。現代のクッキーと同じです。

③燻製

縄文時代早期を中心に、大小二つの穴がトンネルで繋がった「連穴土坑《れんけつどこう》」という遺構が見つかっています。トンネルの下の土が赤く焼けている場合があることから、火を使用したことが考えられます。この施設は燻製を作るためのものであったとする説もあります。

●連穴土坑の仕組み

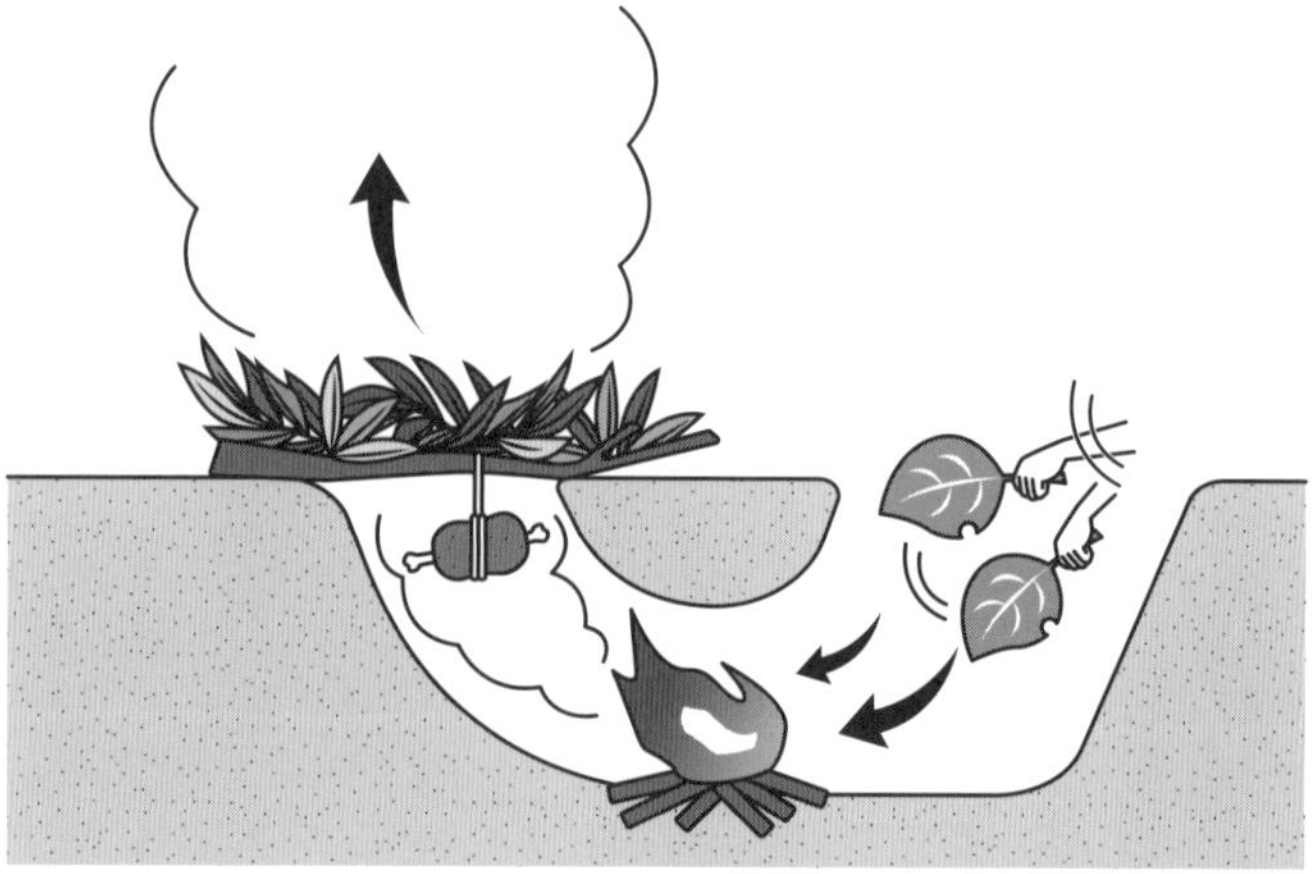

SECTION 19

衣料素材の変化

マンガに登場する縄文人は、年中同じような大型動物の毛皮を肩から掛けていますが、本当の縄文人はもっとお洒落だったようです。

織物

毛皮を衣服に利用したことは、長野県の縄文遺跡から出土した、縫い針といった資料から、考えることができます。骨製で太さ0・5㎜の糸が通る針が発見されています。

植物繊維では麻や苧麻《ちょま》（カラムシ）の茎の表皮から糸を作って、すだれのように編んだもの（編布《あんぎん》）や、

●骨製の針のイメージ

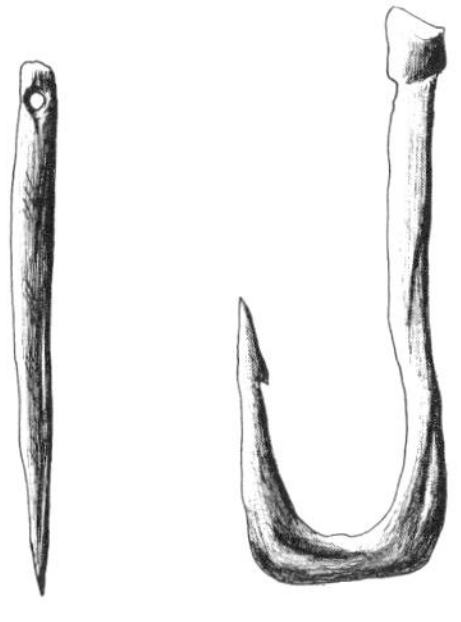

毛皮を利用した衣服もあったようです。実際の編み物の破片も、現在までのところ20例以上がみつかっています。

縄文人は、「編む・組む」という技に長けており、籠や敷物、縄や紐などを作っていました。普通の衣服は長い年月の間に朽ちてしまっていますが、漆を絞るのに使ったため、腐らずに残った布が何点か出土しています。それらは簾を作る要領で編んでおり、「編布」と呼ばれています。

素材はアカソやカラムシなどの植物の繊維を取り出し撚りをかけた糸です。今まで見つかった最も細かい編布は1㎝あたり経糸《たていと》が7本、緯糸《よこいと》が10本と、なかなか目が細かいものです。

●苧麻《ちょま》（カラムシ）

これらの素材や道具を使って縄文人たちは袖のある上着やズボンなどを作ることができたと考えられます。

土偶の着物

土偶にも衣服のヒントが隠されています。土偶は女性をかたどった土製の人形で、子孫繁栄や、豊穣《ほうじょう》を願うために使われたと考えられています。裸姿のものもありますが、衣服を表現したらしい文様が見られるものも多くあります。

●土偶

胸から腹にかけてＹ字状の線が刻まれたものは、前で掛け合わせたり、縫い合わせたりした衣服のようにみえます。また、パンツやズボンをはいた土偶も見られます。

衣服には自然の染料を使って、土偶や縄文土器と同じような模様をつけていたことは十分に考えられます。冬には毛皮や、魚皮で作った防寒着・長靴などを装着して寒さをしのいだことでしょう。これらのことから 冬は寒さに耐えられる動物の毛皮、夏は麻の布で作った服を着ていたのではないかと考えられています。

織物と縫い針が見つかっていることから、ある程度しっかりとした形の衣服を作る技術があったのかもしれません。縄文人が作り出した工芸品の中には、装飾品として石、木、貝、角、牙などから作られた髪飾り、耳飾り、胸飾り、腰飾り、腕飾りなども見つかっています。縄文人はセンス豊かなお洒落が揃っていたのかもしれません。

SECTION 20

裁断・縫製・紡糸・染色技術の向上

縄文時代早期（約1万年前）の遺跡から、鹿角製の縫い針が発見されています。針穴が空いた、大小さまざまな骨針が作られていました。

新石器時代の世界の衣服

同じ頃、ヨーロッパを支配していたネアンデルタール人も、衣服を着ていたことがわかっていますが、おそらくは精巧さが違っていたのではないかと言われています。

ホモ・サピエンスは衣服を整えるための「縫い針」を、4万年前には作り出していたのです。細い骨を削って鋭くとがらせ、石器で小さな穴を開け、縫い針にしました。動物の腱をなめして糸にしました。それらで獣の皮を縫い合わせて、体に沿った衣服を作り上げました。それがあったから、ホモ・サピエンスは寒い中でも外に出て狩りができました。いまでも極北の地に住むイヌイットが受け継いでいるそうです。縄文人は動物の皮や革、そして植物繊維(主にカラムシなどの草、葛や藤などの樹の皮)を編み、骨で作った針で縫い合わせた布を身につけていたことでしょう。新潟県の伝統織物「小千谷ちぢみ」、沖縄県の八重山上布《じょうふ》などはカラムシ(苧麻)の糸で織られています。

染色

染色の歴史はかなり古く、記録に残っている限りでは縄文時代の頃から染色が行われていた編物などが発掘されています。最初の原始的な染色の方法は植物の葉や花を生地の上に乗せて、動物の血を使って色を定着させるという方法が行われていましたが、時代が過ぎていくにつれて、さらに違う技法として、糸を先に染めるという方法が生み出されました。草木染めの歴史はとても古いです。日本では、縄文時代から行われていたといわれています。現在も行われている奄美大島の大島紬《つむぎ》は草木染めをした布を田んぼの泥に漬けて、泥の中の鉄イオンで色を定着(媒染)させています。八丈島の染物、黄八丈の黒い線も同様にして染めています。

Chapter. 5
縄文時代の住居

SECTION 21

建築素材の変化

日本は国土の7割が山地の国ですから、木材資源も豊富でした。縄文時代は氷期から間氷期という、地球規模の環境変化で針葉樹・広葉樹・落葉樹・常緑樹とその樹林帯には変化がありましたが、常に樹木に覆われていたのが日本列島の特徴です。そのため、建築材料としての木材は豊富にあったようですが、特に重要視されたのはクリの木だったようです。

木材

縄文時代の温暖だった時期に、青森県の三内丸山遺跡は約１５００年以上の長きにわたって栄えました。この遺跡の特徴は「クリの木」の効果的な利用です。クリの木は美味しい実を実らせるので、採集狩猟生活には無くてはならない木でした。しかもこの木は木材としての性質も良く、しなやかで丈夫、そのうえ虫がつきにくく、幹を切ってもすぐにヒコバエが始まるほど生命力にあふれた樹種です。

クリの木は現代でも、つい最近まで列車のレールの下に敷く枕木《まくらぎ》として利用され、その後の廃材も趣味の山小屋の建築材料として利用されるほど人気がありました。

そのため縄文人は、家の周囲にクリの木を植え、しばらくは実を楽しんで、家が傷んだら木材として次の家を建てるのに使ったのでしょう。

●クリの木

住居様式

縄文時代の住居はもっぱら竪穴住居でしたが、収穫した果実などを貯蔵する場合には床からくる湿気を避けるため高床式を用いることがあったようです。

① 竪穴住居

竪穴住居とは、地面に深さ50㎝くらいの円形の大きな穴を掘り、５本から７本の柱を立て、その上に屋根をつくった住居です。屋根の上に土を葺いた土屋根住居もありました。住居の床には硬く叩きしめた粘土を敷きつめていました。住居の中心には料理をしたり暖房に使った

●竪穴住居の室内

りするための石で囲んだ炉がつくられました。住居の広さは畳が6枚から12枚敷ける程度で、家族４人くらいが住んでいたと考えられます。

② 高床倉庫

高床式の建物は、以前は弥生時代になって作られるようになったものと考えられていましたが、現在では縄文時代にすでにあったと結論付けられています。

しかも木を組み合わせた壁は、校倉造《あぜくらづくり》の原型のようになっていて、雨の侵入は防ぐが、湿気は外部に逃がすという巧みな作りになっていました。これらはすべて発掘による遺構と建物の破片の調査か

●高床倉庫

ら慎重に出された結論です。

建築素材

縄文時代の家は直径8・4mと大型の円形住居で、壁を持たず地面に屋根が葺き下ろされる入母屋《いりもや》造りになっていました。垂木《たるき》や木舞《こまい》(垂木の上に横に渡した細長い材)にはクヌギやコナラなどの広葉樹の枝が用いられました。木材の固定は紐で縛る結束であり、太い材の結束には藤ツルを、細い材には麻紐を用いました。

地面から屋根の頂部へと向かうたくさんの垂木とそれに直行する木舞は自然の枝をそのまま使っているため、部材の微妙な曲がりが目立つものとなっていました。

●竪穴住居の外観

SECTION 22

建築技術

縄文時代にも色々の建築様式がありました

環状木柱列

北陸地方の縄文遺跡には特有な遺構があります。環状木柱列と呼ばれる遺構で、直径7ｍほどの円周上に半分に割ったクリの木を約2・2ｍのほぼ等間隔に10本並べたものです。柱はいずれも割られた平たんな面が外向きで、円弧面が内側に向き、弦の長さの平均は85㎝ほどです。したがって原料になった元の木は直径約1ｍの幹を持つ巨大なクリが分割されたものと推測されます。

木柱が立っていた地下部分の深さは1ｍほどです。ほぼ同じ場所で6回立て替えられましたが、その際に柱は引き抜かず、地中部分を残して切り倒したようです。残っていた木柱根で炭素年代測定を行ったところ、2800年前に作られたことがわかったといいます。

現在は約7~8mの木柱を立てた形で復元しているものの実際に建っていた木柱の高さや地上の構造がどうなっていたかは不明です。どんな用途や機能があったのかもわかっていません。

六本柱建物

そしてなにより目を引くのは巨木の六本柱を使った「縄文タワー」です。見張り台として使われたのか、逆に海から見た時のランドマークだったのかまったくわ

●環状木柱列

かりませんが、釘を使わずに、軸組工法など独自に発展させた技術を使って、巨木を組み合わせるだけでタワーを造った技術は驚きです。

屋根や壁のある集会所のような建物だったとする見方や、木柱だけが立つ聖なる空間あるいは記念物だったなどさまざまな見解があります。

ただ、クリの巨木を探しだして伐採し、運び込んだ上で建造するのには集団による膨大な労力が必要だったことは間違いありません。少なくとも村のまとまりを誇示する効果はあったことでしょう。

●縄文タワー

竪穴住居の作り方

まず、穴を掘って床を粘土などで固めます。支柱を建てたら、そこに垂木を渡し、まんべんなく木舞や枝葉を敷き、その上に土を置いて完成です。

●竪穴住居の作り方

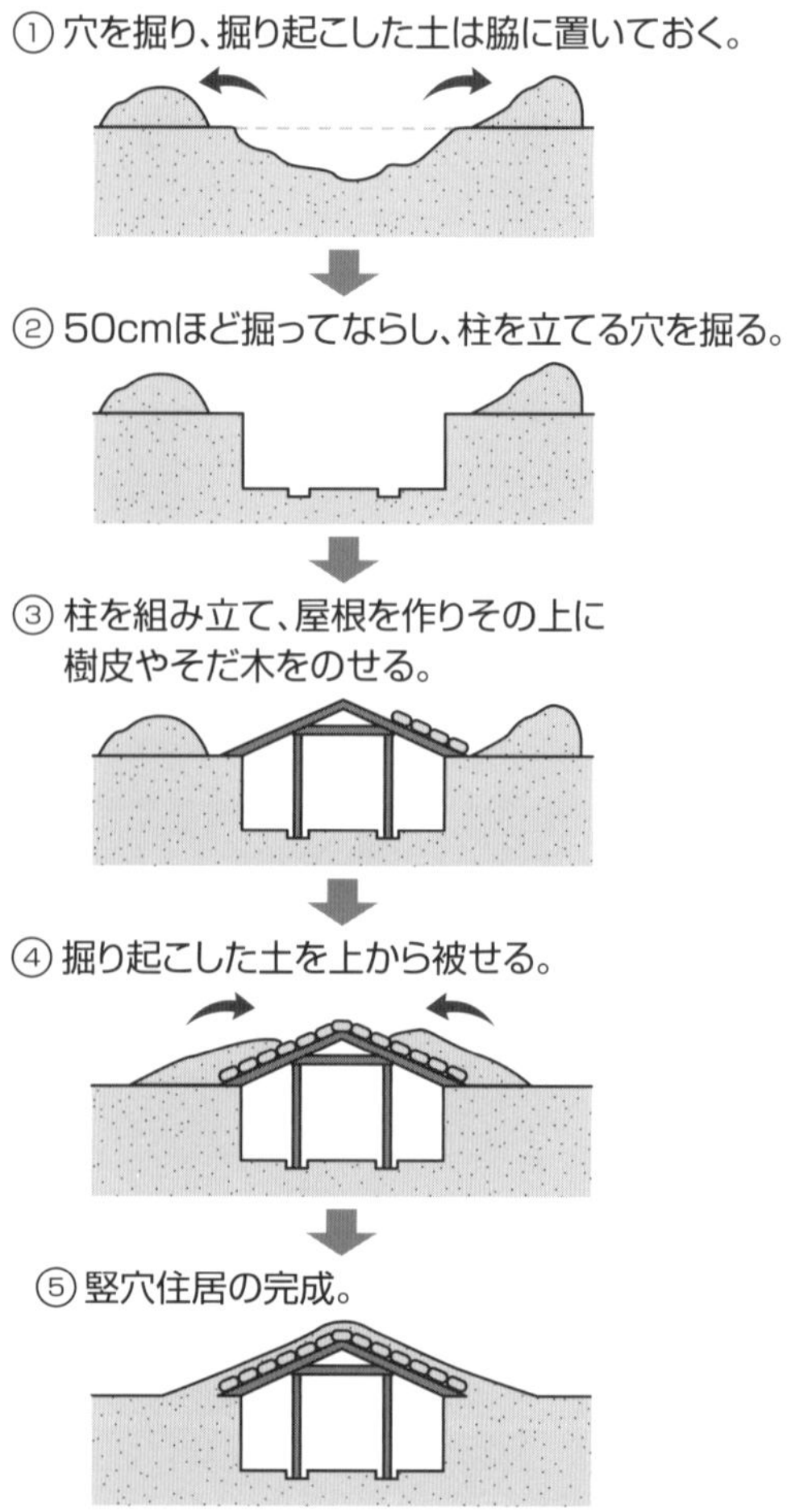

① 穴を掘り、掘り起こした土は脇に置いておく。
② 50cmほど掘ってならし、柱を立てる穴を掘る。
③ 柱を組み立て、屋根を作りその上に樹皮やそだ木をのせる。
④ 掘り起こした土を上から被せる。
⑤ 竪穴住居の完成。

SECTION 23
デザインの変化

縄文時代の建造物については、竪穴住居のあとや、当時使われていた土器や石器、植物の種や動物の骨などから、いろいろなことを推測することができます。

一般住居

縄文時代の一般的な家は竪穴住居で、直径が3～４ｍの円形に地面が掘り窪められ、数本の主柱と棟持柱に垂木がわたされ、草木などで屋根が葺かれていました。家の中には石囲い炉が普通は1箇所設けられました。住居の平均面積は20平米程度であり、４～５人ほどの家族が住んでいました。

旧石器時代から縄文時代に移り、人々が農耕や狩猟・採取を糧にして定住型生活を送るようになった頃、日本における住宅のルーツとされる竪穴住居が作られるようになりました。

竪穴住居は文字通り、地面に掘った穴に柱を組んで、上部から草や土で穴全体を覆うように屋根を葺いたもので、板張りの床こそなかったものの、日本人の暮らしを大きく変化させたものであったといえるでしょう。

倉庫

血縁集団ではない人々が竪穴住居で集落をつくり、高床の建物を周囲に立てて収穫物を保管する倉庫としていたことも確認されています。これまでは、高床倉庫は弥生時代に初めて作られるようになったとされてきましたが、最近になり、縄文時代の遺跡である青森県の三内丸山遺跡でも、高床の建物の柱穴が見つかるようになりました。熱帯地方の住居や日本の神社建築などに多く使われる高床建築は、高温多湿の自然条件に対応した建築構造を持っています。

SECTION 24

工具の変化

約4000年前の遺跡の出土建築部材の調査と復元実験の結果、縄文時代の建築用主要道具や素材、加工技術に関して、いろいろのことがわかってきました。

主な道具

建築に用いた主な動具は、蛇紋岩の磨製石斧によって加工された石斧（刃の部分を石で作った斧）、石手斧（刃の部分を石で作った手斧）、石ノミ（石で作ったノ

●石斧

ミ）でした。
斧は木剤を切断するのに用い、石ノミは斧で切った後に材木の表面を平らにするのに用いられました。

素材、技術

建築用材は、ほとんどがクリ材でした。高床建築の部材は、ホゾ・ホゾ穴などの仕口によって接合されていたことから、当時の人々は精巧な加工技術を持っていたものと思われます。

木工技術

立ち木を切り倒す時には、縦斧形式の大型石斧が主要な道具であったと思われます。しかし製材

●ホゾ穴

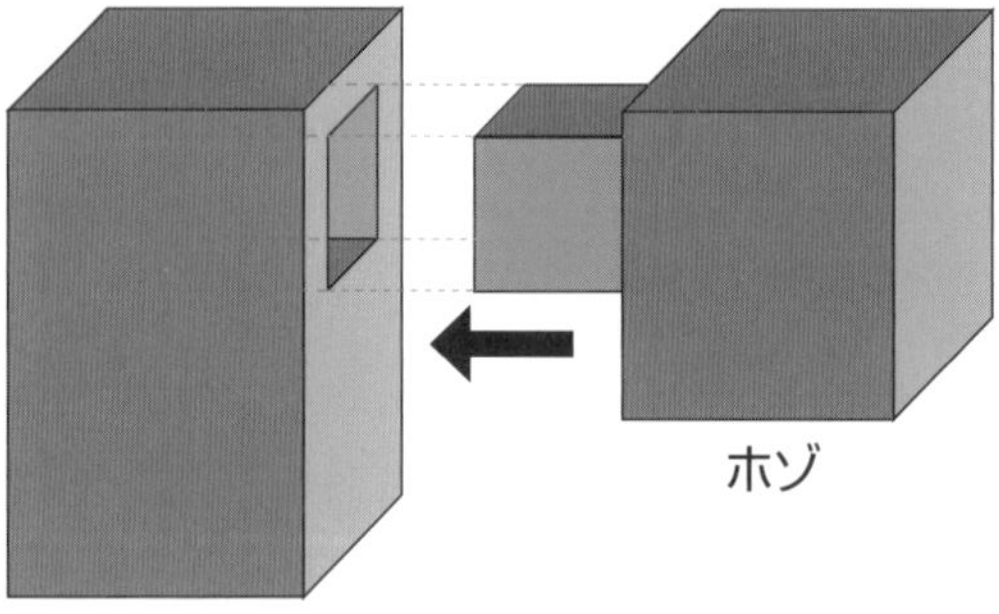

段階では、縦斧形式の大型石斧、木製クサビ、横斧形式の大型石斧などが主要道具であったと思われます。そして最後の建築部材加工段階では、縦斧・横斧形式の石斧と石ノミが主要道具となったようです。巨木柱を主体とした軸組を建て起こすためには、多くの人数を必要としたものと思われます。

SECTION 25

立地条件選択の変化

家を建てるのにはもちろん、集落を作るにも立地条件は大切です。特に1万年も昔の縄文時代では、下手をしたらマンモスに踏みつぶされるかもしれません。また、木の実を拾うためには森の近くが良いでしょうし、魚を取るためには川の側が良いでしょう。

標高

関東地方では、集落の標高分布と表層地質分布の解析結果から、縄文時代の全時期を通して、集落が関東ローム層の分布する台地や丘陵地に集中していたことがわかっています。

一方、集落が分布する標高域には時代ごとに特徴があることも明らかになりました。

縄文草創期は、10～60m辺りの標高域がよく利用され、100m以上の中標高域の土地はあまり利用されませんでした。

一方、縄文晩期では、他の時期に比べて、0～10mの低地の利用割合がやや高い傾向が見られました。これは、後・晩期の海水準低下によって、利用できる低地が増加したことと関係しているものと思われます。

一般に時期ごとの特徴としては、縄文草創期で低い土地への、中期になるとより平坦面への指向性が認められました。また晩期では、標高が比較的低い土地である沖積低地の利用が増加してきたようです。

傾斜

縄文人は、時代に関わらず傾斜度0～6度の緩斜面地を利用していましたが、中期では0～2度の平坦地の利用割合が高かったようです。これは集落が最も多く発見され、大規模集落も出現したと考えられる中期という時代背景によるものと考えられます。

また、河川(谷筋)から200〜250m前後の、関東ローム層が分布する台地と丘陵地上の緩斜面地を選んで利用していたようです。

日照

集落の立地を考える際、土地の日当たりの良さも重要な立地選択の指標の一つとなります。日当たりの良さに関係する因子(日射量/傾斜方向)として、縄文草創期と晩期でやや南向きへの指向性が認められましたが、地域によって異なる可能性もあるようです。

Chapter. 6
縄文時代の素材とエネルギー

SECTION 26

縄文時代の木製品

現代人はいろいろの物に囲まれ、いろいろの物を使って生活しています。いろいろの物というのは、さまざまな機能、使い道を持った物とも考えられますし、さまざまな素材、材料から出来た物と考えることもできます。

現代では、一般に窓はガラスから、窓枠はアルミニウムから出来ています。釘やネジは金属性ですが、他の材料が考えられるでしょうか？　窓枠は木で作ることもできますが、ガラスを他の材料に置き換えるのは難しいです。多くの家電製品の外装はプラスチック製です。換えるとしたら木製か金属製でしょうが、木製にしたら切って削って、という工作の手間が大変になりますから、製造代はかさむでしょう。

このように、材料の種類が多いということは製品の種類の多様性につながり、さらには生活の豊かさにつながります。

縄文時代にはどれだけの材料があったでしょう？　少なくとも、金属とプラスチックは全くありません。そう考えただけでも生活は窮屈になります。縄文人はそういう素材環境で、元気に、幸せに暮らしていたのです。物にうずまって不幸を託っている人がいる現在、現代人も考えてみるべき所があるのではないでしょうか？

縄文時代の木材加工技術

木製品は縄文人にとっても身近な道具の一つであったと思われます。しかし木製品は腐る物質のため残っておらず、台地上の遺跡からは発見されていません。それでも、全国の縄文遺跡では、低湿地から稀に、器や櫛、丸木舟や弓や杓子などの木製品が出土しています。

縄文時代の木製品では、完成品の表面は滑らかに仕上げられているため、加工痕跡がほとんど残っていません。そのため、加工技術を明らかにするためには、未完成品を解析するか、復元実験を行うしかありません。そのようにして明らかにした例を見てみましょう。

① 伐採

木材加工は樹木の伐採から始まります。立木を伐採するときは、木の周りを回りながら切るので、均一に斧が入り、最後に芯が自重で折れるのを待ちます。次に、伐採した木を切断して必要な長さに調整します。このときは横倒しになった状態なので、真上から斧を入れます。

ある程度切れた所で木を転がしてまた斧を入れるので、斧の入り方が不均等になります。この違いによって、伐採痕か切断痕かを識別がすることができます。さらに、作製する木製品にあわせて、半割したり、板目に沿ってうすく割った材を割り取ったりします。

② 一般的な木材加工技術

加工具は磨製石斧や剥片などの石器だったでしょう。水で濡らして軟らかくしてから削る方法が一般的と言われています。容器などの中央を窪める場合には、火で焦がすことによって、脆く炭化した部分を削り取る方法があり、小型木製容器の未成品に焦げの痕跡が残っている物があります。

珍しい加工方法として、鋭い剥片で無数の細かい傷を交差させるように付け、毛羽立った部分を削り取る技法もあったようです。

編み物製品

例は少ないですが、植物を使った編み物も出土しています。素材は竹、笹、山葡萄やアケビのつるなどです。竹で編んだ籠では四つ目編み、網代編みという2種類の編み方を用いています。三内丸山遺跡では樹皮のポシェット（網代編み）が発見されました。この樹皮ポシェットは紀元前４５００年頃のものでほぼ完全に近い形で出土されています。

SECTION 27

縄文時代の骨角器・石器

動物の骨や角や牙で作った道具を骨角器《こっかくき》といいます。石でけずったり、こすったりして、銛《もり》、釣針、縫い針、ヘラなどが作られています。

さまざまな骨材

骨材は石よりも柔らかくて、細かい加工が出来るので、クシ、かんざし、腕輪などのアクセサリーも作られました。

縄文時代には鹿角（ニホンジカ、エゾシカ）、ニホンカモシカの角、シカ、イノシシの四肢骨、イノシシやクマの牙、イノシシ、ヒトの歯などが加工され骨角器として利用されました。これらは素材ごとに形状や性質が異なりますが、鹿角が特に大きな素材であるため、最も多用されたようです。

さまざまな骨角器

骨角器は、漁具などの生産用具と、おしゃれのために身につける装飾品に分けることができます。漁具にはヤス・銛・釣針などがあり、装飾品では、かんざしやペンダントがあります。それらは作り方も丁寧で、磨いてピカピカに光っています。なかでも多いのはニホンシカとイノシシの足の骨です。まっすぐで、ヤスなど長い道具を作るためにちょうど良かったのでしょう。

石器

石器は人が石に打撃または圧力を加えて割って作った打製石器と、適当な形にした石器を最後に磨いて仕上げた磨製石器があります。日本の旧石器文化の磨製石斧は3～4万年前に集中し、その後は縄文草創期にならないと出現しませんが、現在、世界最古の磨製石器とされています。

① 石の種類

石器に使う石はどんな石でもよかったわけではなく、用途ごとに適した石が使われていました。とくに「切る」「けずる」といった用途には、刃物の刃のように鋭く割れて、丈夫な石が選ばれていました。

よく知られているのはガラス質の黒曜石で、北海道や中部高地がよく知られていますが、日本全国で200箇所ほどの産地があります。また近畿地方・瀬戸内海地方ではサヌカイトという石がよく使われています。岐阜県の下呂地方にはサヌカイトによく似た下呂石があり、縄文時代の中ごろ以降になると、東海地方全体に広がっていきます。縄文時代を通じて東海地方ではチャート（堆積岩・

●チャート

主成分は二酸化ケイ素SiO_2）という石が好んで使われています。特に愛知県ではほとんどの石器がチャートで作られています。また白い石も良く使われていますが、これら白い石は、流紋岩、頁岩《けつがん》、溶結凝灰岩などいくつかの種類の石が風化して白くなったもので、もともとは硬く鋭く割れる石です

② 石器の用途

縄文時代の生活は、狩猟採集や漁労が中心で、石鏃《せきぞく》（矢じり）や石皿、磨石、石錘《せきすい》（網の重り）、たたき石などの石器はそのための道具です。中でも石鏃は多く、当時の狩猟の主な方法が弓を用いたもの

●石斧

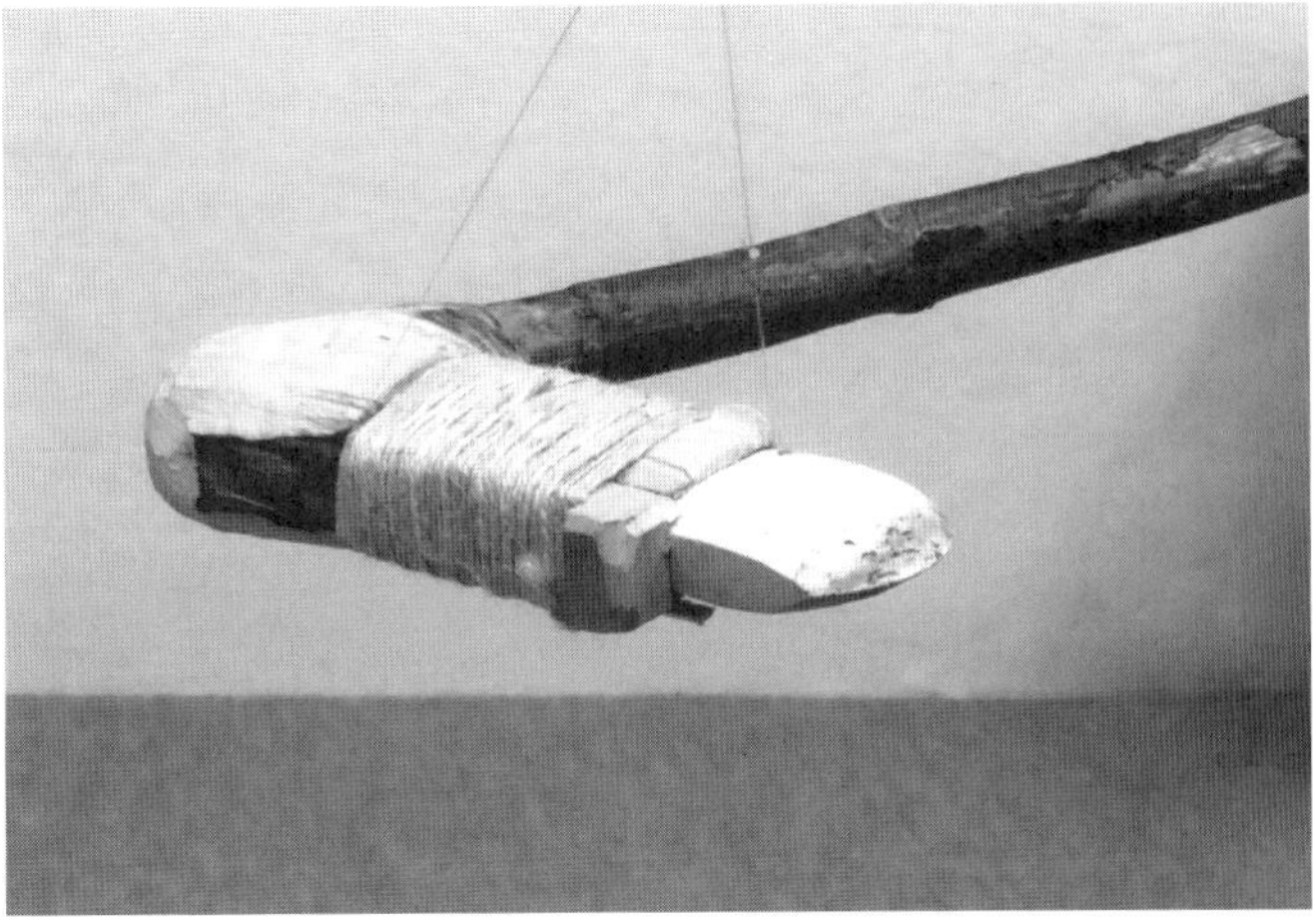

であることを示しています。

石皿は中央がへこんだ平らな石で、磨石がセットになっており、今で言うすり鉢とすりこ木にあたるものです。採集してきた木の実などを石皿の上で、磨石やたたき石ですりつぶしたり、たたきつぶしたと考えられます。

川原石の両端を加工して切り込みを入れたものが石錘です。投網などの重りと考えられます。

石器の中には縄文時代後期に多い「扁平打製石斧」があります。名称は「石斧」ですが、最近では細い方に長い柄をつけて土を掘る道具として用いたと考えられるようになりました。住居の竪穴を掘ったり、野山の根菜類を掘ったりするのに使ったと思われます。

SECTION 28

縄文時代の金属器

世界史では歴史を、人類が用いた用具の素材に応じて「旧石器時代」「新石器時代」「青銅器時代」「鉄器時代」に分けています。この分類を日本史に当てはめれば、「新石器時代＝縄文時代」、「青銅器時代＝弥生時代・古墳時代」「鉄器時代＝奈良時代以降現在まで」ということになります。つまり、慣れ親しんでいる縄文時代は、世界史的に見れば、はるか昔、古エジプト、メソポタミアなどの超古代神話時代に並ぶ時代なのです。

これら西欧の超古代文明は石器時代とは言え、まばゆい金細工が行われ、王侯貴族は光まばゆく装飾されて埋葬されています。ところが日本の縄文時代は金属とは全く無縁の時代と考えられています。縄文時代の遺跡から金、銀はおろか、どのような金属の遺物も見つかったことが無いからです。

縄文時代と青銅

日本に最初に伝わった金属は青銅（ブロンズ）であり、これは銅CuとスズSnの合金で、その混合割合によって現在の私たちが見る青銅製の仏像のようにチョコレート色に近いものから、金色、白色に近い物までいろいろ作ることが出来ます。

しかし、できた時はどの様な色にしろ、雨に当たって錆びると、緑色の銅の錆である緑青《ろくしょう》（炭酸銅$CuCO_3$）が出て、鎌倉の大仏や神社の屋根のように青くなります。そのため、日本ではチョコレート色のブロンズも青銅といいます。

●鎌倉の大仏

縄文時代の遺跡から、このような青銅の遺物が出たことが無いというのは、縄文時代には、まだ青銅は輸入されたことも、縄文人自身が造ったこともないということなのでしょう。たしかに青銅を作るためには、少なくともスズ（融点232℃）を融かす温度を扱わなければなりません。銅は少ないながら、自然銅として、赤い金属塊で産出することもあります。しかし、スズにはそのようなことはありません。スズは自然界では酸化スズ（SnO_2、スズ石）として存在し、その融点は1100℃を超えるので、縄文人には純粋な金属スズを手に入れることは難しく、したがって青銅を作ることは困難だったかもしれません。

縄文時代と鉄

鉄は錆びやすい金属です。そのため、出土する鉄に金属鉄はありません。全ては酸化鉄あるいは硫化鉄などを主成分とする鉄鉱石です。これら鉄鉱石から金属鉄を得るには木炭などの還元剤と共に高温に加熱しなければなりません。平安時代以降の日本では「たたら」と呼ばれる足踏み式の強力鞴《ふいご》を用いました。

しかし最近の実験によれば、鉄はもっと低い温度でも還元されるようです。適当な木炭があれば、焚火《たきび》程度の温度で還元されて金属鉄になるそうです。ただしそれは私たちが見る日本刀のように、白く輝く鉄ではなく、ハチの巣状になった、金属鉄と酸化鉄の混じり物です。これを現代の刀工がやるように、ハンマーで繰り返し叩くと、酸化鉄部分が砕けて叩き出され、金属鉄がえられるといいます。

それに鉄は隕鉄として空から降ってくる可能性もあります。1万年という長い年月の間に縄文人がそれを拾った可能性も捨てきれません。

ですから、縄文人も、青銅より先に鉄

●隕鉄

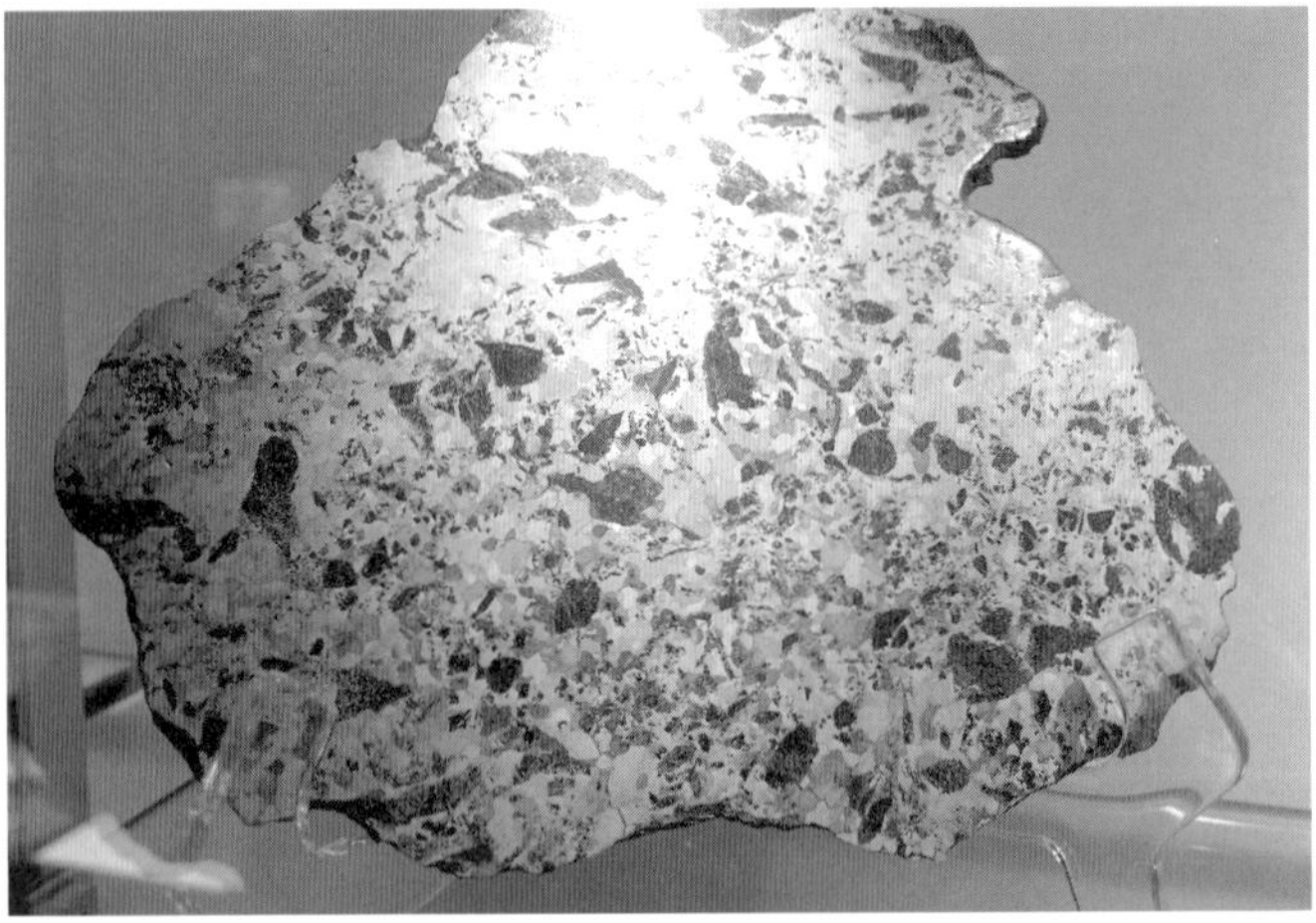

を扱っていた可能性は捨てきれません。ただし、鉄は非常に錆びやすく、直ぐに錆びて赤い酸化鉄（FeO）になり、朽ちて土にもどります。したがって、たとえ縄文時代に鉄があったにしても現代まで残ることはないでしょう。したがって、縄文人が鉄を扱ったかどうかは、正確に言えばわからないということになります。

縄文時代と金

しかし、貴金属である金はちがいます。金は純粋な金ではなくても、金色に輝く状態の金属として産出します。砂金が良い例です。ヌガーのような塊状の金塊が見つかった例はいくらでもあります。それに日本は黄金の国です。縄文人が狩りで山を歩いていたら、どこかで金のかけらを見つける可能性はあったのではないかと思います。

金のような、美しく輝く固体を見つけたら、縄文人も家に持って帰ったのではないでしょうか？　そして愛する人にあげたのではないでしょうか？　ところが、縄文人に限ってそういう事が一切ありません。これは「縄文の不思議」といってよいことではないでしょうか？

SECTION 29

縄文時代の土器

縄文時代を特徴づける際立った物のひとつに、立体装飾が発達した土器があげられます。この土器の表面に「縄文」の模様が着いていたことから「縄文時代」の名前がついたのですから、この土器こそはまさしく「縄文時代」の申し子といってよい物でしょう。この時代の人々は、狩漁や木の実の採集で過ごしていたと考えられます。しかし、立体装飾が発達した土器の存在から、土器作りの技量にたけた人がいたこと、またそうした土器作りをするのに十分な時間があったこともわかります。

縄文人は何とも平和な時間をすごしていたのではないでしょうか?

縄文土器の形状

縄文土器は1万年にわたって作られた土器です。当然のこととして、作られた時期や使い方でさまざまな形があります。主な形は鉢《はち》と呼ばれるものですが、これには浅鉢と深鉢があります。他には、壺や皿や、他の土器を乗せる器台と呼ばれる形もあります。

縄文土器の特徴

縄文土器の特徴は、平面の土地に穴を掘り、そこに土器と薪を入れて焼いた、今でいう野焼きという焼製法で焼かれているということです。この方法では温度は高くなりません。従って焼きしめられることが無いので固くならず、脆くて壊れやすいです。それを防ぐために厚く作

●縄文土器の皿

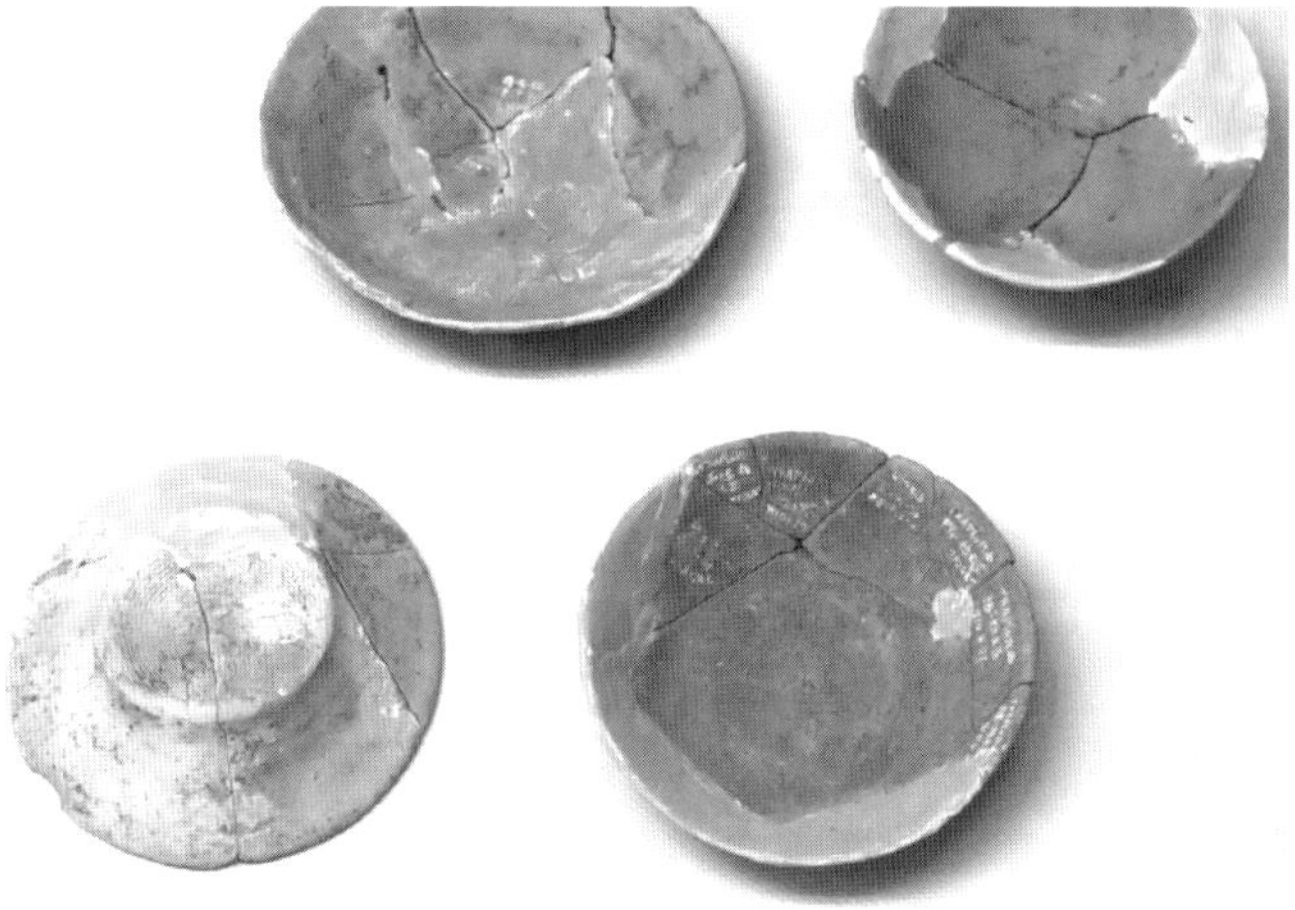

ります。

ということで、厚手で茶色っぽい色というのが「縄文土器」の特徴となります。この特徴は特に、縄文土器の次の世代の土器、つまり薄手に作って、土をかぶせて高温で焼くという「弥生土器」と比べるとき、より顕著になって現れます。

縄文土器の用途

縄文土器といっても、用途は他の土器にくらべて特に変わったことはありません。概ね、次のようなものと考えられます。

- 食べ物を煮たり、炊いたりする
- 食料となる木の実などをしまっておく
- 物を入れて運ぶ
- 水を入れておく
- 祭りなどの儀式で使う
- 死んだ人を入れて、埋葬する棺として使う次に見る火焔型土器を考えると、最期の2項目が縄文土器の特徴といえるかもしれません。

火焔型土器の特徴

火焔型土器は、縄文時代中期を代表する日本列島各地で作られた土器の一種です。燃え上がる炎を象ったかのような独特の形状をしています。縄文土器の中でも特に装飾性豊かな土器であり、日本民族の作った造形品の中でも特に優れた作品とみることができるでしょう。

火焔型土器は、ほとんどが深鉢

●火焔型土器

形土器で、胴部は粘土紐を貼り付けてS字状、渦巻状などの文様を施しています。しかし縄文(縄の回転による施文)による装飾はほとんど見られません。

上部には原則として4か所に大ぶりの把手(突起)をもっています。把手は複雑な形状で、粘土紐によって装飾され、把手以外の口縁部は鋸の歯状に形作られます。

これらの装飾が何を表したものかは不明ですが、全体の形状が燃え上がる炎を思わせることから「火焔型土器」と呼ばれています。1963年に「新潟国体」の聖火台に採用されて一躍有名になりました。

非常に特殊な形態ですが、集落内の特定の場所で発見される傾向はなく、またオコゲがついているものも出土することから、日常の煮炊きに使われたと考えられます。しかしその形状から見て何らかの祭祀的な目的に使われることがあったとする考えもあるようです。

SECTION 30

縄文時代のエネルギーの科学

よく現代人はエネルギーによって生きているといいます。それでは縄文人はどうだったのでしょうか?

生命エネルギー

人間は2種類のエネルギーに依存して生きているということができるでしょう。一つは生命の火をともし続けるエネルギー、つまり、「生命エネルギー」です。そしてもう一つは外界に対して影響を及ぼすために使うエネルギー、適当な名前が無いのでさしあたり「機械エネルギー」とでも呼んでおきましょう。

このうち、生命エネルギーは、呼吸や心臓の鼓動、消化、あるいは頭脳活動に使われるエネルギーであり、人間が生きるためには寝ていても使うエネルギーです。このエネルギーは食物と、それを代謝、燃焼するための酸素によって賄われます。

縄文時代に限ってみれば、この時代は狩猟・採集時代です。食料は狩猟によって得た獲物、すなわち、マンモスを限度にしたシカやイノシシなどの大型動物と、ウサギやリスなどの小形動物です。縄文人の狩猟用具は棍棒、石斧、石槍、石弓などですから、大型動物はもちろん、小型でも敏捷な動物をとるのは難しかったでしょう。

ということで、主食は貝や魚、あとは採集による季節の植物くらいのものです。中でも縄文人が好んだのは甘くて美味しいクリだったそうですから、炭水化物が主な生命エネルギー源ということになります。炭水化物は４キロカロ

●縄文時代のエネルギー

◉生命エネルギー

心臓の鼓動、消化、頭脳活動に使われるエネルギー

マンモスやシカ、イノシシなどの大型動物やウサギなどの小形動物、貝や魚などの魚介類が主なタンパク質。採集によるクリやドングリなどの炭水化物が主な生命エネルギー源となる。

◉機械エネルギー

燃焼による熱エネルギーや風、水などの自然エネルギー

木材を燃やした火以外はあまり考えられない。舟を浮かせるための浮力や帆など使った風力なども可能性はあるが、誤差範囲。

リー／グラムです。脂肪(9キロカロリー／グラム)が欲しいところですが、贅沢だったかもしれません。

機械エネルギー

縄文時代の生命エネルギー以外のエネルギーと言われるものは、燃焼による熱エネルギー以外には考えられません。彼らも船旅はしたようですから、舟を浮かせるための水力(浮力)、帆を使ったとすれば風力を使ったことになるでしょうが、誤差範囲です。現代人から見たら、エネルギー＝0の世界です。

Chapter. 7
縄文時代の医療

SECTION 31

縄文人の寿命

現在の日本は、世界的にもトップクラスの長寿国であり、平均寿命は男性が81・49歳、女性が87・60歳となっています。それでは縄文人の平均寿命はどれくらいだったのでしょうか?

縄文人、平均寿命30年説

1967年に発表された研究によると縄文人の平均寿命は30歳となっています。この研究での年齢推定は、頭蓋骨の縫合線の状態(50代になるとかなりの縫合線が消失します)、骨端の癒合の状態(軟骨が徐々に硬い骨になります)などを用いています。この結果、平均死亡年齢が男性で31・1歳、女性で31・3歳となり、15歳まで成長した場合の平均余命が16・2歳(=31・2歳で死亡)となりました。

この結果は、まさに「縄文人の寿命＝30歳」と受け止められるのですが、１９７８年の脊椎骨の研究によると「縄文時代の35歳＝江戸時代の45歳に相当する」と指摘されています。現代社会よりも過酷な環境であるがゆえの短命だったということかもしれません。

この「縄文人寿命30歳説」に対して、もっと長寿命だった可能性を示す研究結果が２００８年に公表されました。この研究は、２００２年にアメリカで発表された背骨の表面にある波状の模様の様子によるものです。

人間50年説

この方法を用いて行った２００８年の研究では、死亡時年齢34歳以下が32・１％で、35歳以上64歳以下が35・４％、65歳以上が32・５％となり、15歳時点での平均余命が31・52歳という結果になりました。

65歳以上という、現代でもまさに祖父母世代と言える年齢層が全体の3割以上になり、これ以前の研究で指摘されたよりもかなり長寿だった可能性が出てきたわけです。

また、縄文時代の生活ぶりに近いと思われるアフリカの現生狩猟採集民を見ても、65歳を過ぎてから死亡する人の割合は40％を超えていると指摘されています。

結局昔は医療体制が貧弱なので幼年時に亡くなる人が多いので平均寿命は短くなるが無事に大人になれた場合には、それなりの寿命を全うする、という常識的な結果になりそうです。

いずれにしろ、縄文人の場合には乳幼児の死亡率や死亡時年齢が不明なので、厳密に寿命がどのくらいだったのかはわかりませんが、無事に大人になれた場合の寿命46歳あまり、ということになります。織田信長ではありませんが、「人間五十年」に近い数字だと言えそうです。

SECTION 32

縄文人の薬

最近、考古学の発展によって、縄文時代から弥生時代にかけての文化や社会制度、あるいは食生活が、予想以上に高いレベルにあったことが明らかにされています。

神話の世界

ところが、日本では薬物に関係のある記録は6世紀の頃まで極めて少なく、ほとんどわかっていません。日本最古の歴史書『古事記』に、大巳貴命（オオナムチノミコト）が稲羽の白兎の負傷に蒲黄（ガマの花粉）を用いて治したこと、神産巣日之命（カミムスビノミコト）が大巳貴命の火傷に蚶貝（アカガイ）と蛤貝（ハマグリ）の黒焼きを用いたことが記録されていますが、この2例が日本の薬物の記録として最初のものとされています。

和薬

この2つの治療例以外にも、日本で太古の昔から伝承されてきた薬物、すなわち和薬を用いる療法が行われていたと考えられています。その多くは、恐らくは現代の民間薬のようなもので、「当薬（センブリ）」、「ゲンノショウコ」、「ドクダミ」、「延命草（シキオコシ）」、「イナゴ」などが、日本固有の和薬として用いられたという説もありますが、真相はほとんどわかっていません。

また縄文時代の遺跡から「キハダ」という木が発見されたという記録があり、キハダは現在も民間薬として「胃の病気」に

●センブリ

効くとされていることから、縄文時代にもキハダを飲み薬（煎じて飲む）として用いた可能性があるとされています。

加持祈祷

一方、世界各地の原住民の伝統医療から考えると、日本でも昔の医療で用いられた薬は、外用薬（塗り薬）が主なもので、内服薬（飲み薬）としては酒を用いたに過ぎず、病気になったときは薬物よりも、むしろ加持祈祷やまじないが主であったのではないかと考えられます。

●キハダ

©Jean-Pol GRANDMONT

SECTION 33

飲用薬

縄文時代の遺跡から胃の民間薬「キハダ」が出土し、考古学上で使用が確認された最古の生薬といわれているようです。しかし、当時の服用薬はお酒が主でなかったかと言われています。

世界各地の酒の起源をたどってみると、たいていは果実の酒です。日本でも縄文土器のなかに山ブドウの種が発見されたりして、果物や木の実(クリ、クルミ、シイ、トチ、カヤ、ドングリなど)から造られた酒があったとする説が最近有力になってきました。

① 果実酒

お酒はブドウ糖を原料とし、酵母という微生物でアルコール醗酵させて作ります。いちばん簡単な方法はブドウを用いるブドウ酒作りです。ブドウの果実にはブドウ糖がたっぷり含まれ、果皮や葉には天然の酵母が付着しています。

従って、ブドウを潰して土器に入れておけば、後はブドウが勝手に発酵してブドウ酒、ワインができます。「サルがブドウでサル酒を作って飲み、酔って顔が赤くなった」という民話がありますが、この話の後半はともかく、前半は十分にあり得る話しです。

ワインを飲んで体が温かくなり、アルコールで酔って元気がでれば、たいていの病気は退散するというものです。

② 穀物酒

日本酒は米から、ビール、ウイスキーは麦から作ります。米も麦も穀物であり、穀物にはデンプンは含まれますがブドウ糖は含まれません。デンプンはブドウ糖がたくさん結合した天然高分子です。

酵母はブドウ糖を発酵させますが、デンプンを発酵させることはできません。したがって穀物からお酒を造る場合には、まずデンプンを分解してブドウ糖にしなければなりません。そのために利用するのが麹《こうじ》という微生物です。

つまり穀物からお酒を造るには「①デンプンを分解してブドウ糖にする」「②ブドウ糖を発酵してお酒にする」という、2段階を経る必要があります。

この①の過程で日本酒は麹という微生物を使い、ビール、ウイスキーは麦芽の酵素を用いますが、デンプンをブドウ糖に分解する酵素には、人間の唾液に含まれるアミラーゼもあります。つまり、ご飯にアミラーゼを混ぜればデンプンが分解されてブドウ糖になるのです。

ということで、ご飯を噛んで吐き出した物を、雑菌が入って腐ることのないように、上手に保管すれば、天然の酵母が入ってアルコール醗酵し、お酒(いわゆるドブロク)になる可能性があり、それを濾過して固形分を除けば清酒(日本酒)になるというわけです。もちろん、培養した酵母を人為的に加えても同じことになります。

しかし縄文時代にはまだ米や麦はありませんから、木の実を用いてお酒を造ったことでしょう。現在もこのようなお酒は造られていますが、工業的には全て蒸留して焼酎として市販されています。麦焼酎、栗焼酎、ピーナッツ焼酎などです。

SECTION 34

手術・抜歯・タトゥー

縄文時代の手術の例は見つかっていませんが、抜歯の例はたくさんあります。老齢で抜けたのではなく、人為的に抜いたものです。施薬以外の医療行為の例を見てみましょう。

手術

これまでに世界でみつかった最古の外科手術の例は、フランスのパリ近郊にある石器時代の遺跡から発見された約７０００年前の農民の腕の切除だそうです。腕の切断というと骨の切断を含むことになります。金属のない新石器時代によく骨が切断できたものだ、と思いますが、用いた刃物は黒曜石のナイフだったと思われます。

黒曜石は表面が薄い層になって剥げますが、そのようにして作った新しい刃先は細かい鋸状になっており、切れ味は金属の刃物に劣るものではないといいます。

これまで縄文遺跡から発見された遺骨に手術の跡が見つかった例は無いようです。しかし、それは骨に手術跡が残るほどの外科手術は無かったということで、皮膚や筋肉部に止まる手術が無かったことを意味するものではありません。もしかしたら動物に噛まれたとか、岩に当たったとかでできた切り傷の縫合などは日常的に行われていたのかもしれません。

タトゥー

日本のタトゥーについて書かれている最古の記録は、紀元3世紀の「魏志倭人伝《ぎしわじんでん》」の中に見ることができます。そこには、「男子は大小無く、皆黥面文身す」と書かれています。「黥面《げいめん》」というのは顔のタトゥーであり、「文身《ぶんしん》」は体のタトゥーを表します。

この書物が編まれたのは紀元3世紀、つまり弥生〜古墳時代であって、縄文時代のことではありませんが、少なくとも縄文時代が終焉を迎えてわずか数百年後には、倭人の全身はタトゥーだらけだったのです。

「魏志倭人伝」は、日本について書かれた最古の書物ですから、そこにタトゥーが登場するなら、それ以前にもあった可能性は充分に考えられます。タトゥーには呪術的な意味があり、病除け、魔除けなどの意味があります。医療行為が遅れていた縄文人がこれらの意味を込めてタトゥーをしていた可能性は十分にあります。

それは土器でできた人形、土偶を見ると納得できます。多くの土偶には直線や曲線が刻まれています。これらはタトゥーの模様だったのではないでしょうか？

●文様を持った土偶

抜歯

現代では、どうしようもない歯痛などを治療するのにやむをえないときに歯を抜きます。ところが、縄文時代の人々は、健康な歯を抜いていました。満足な麻酔薬や止血剤があるはずもないのですから、抜歯はただ痛いだけではなく、ときには一命にかかわるような危険な儀式だったはずです。しかし、抜歯の儀式は、世界の狩猟採集民族のなかでは、比較的あたりまえに行われていて、奇習というほどのものではありません。現在でもアフリカ、東南アジア、オーストラリアの一部の民族に残っています。

これらの民族の抜歯術は、まず、抜く歯の内側に堅い棒をあて、外側から石で叩き、ぐらぐらにさせ、ぐらぐらになった歯に紐をかけて一気に引き抜く、という荒っぽいやり方です。縄文人も似たような方法で抜歯していたのでしょう。

縄文人の歯の一分が欠けているのが老齢や虫歯などによるのではなく、人為的な儀式によるものだというのは、抜歯された歯が特定の歯だったり、左右あるいは上下対象の位置だったりするからです。

例えばある遺跡では、成人の全員が上顎左右の犬歯を抜いていますが、これは成人式に相当する儀式だったと思われます。またある遺跡では下顎の犬歯を抜くグループと下顎の切歯を抜くグループに別れます。これは結婚式の抜歯で、前者がほかの村の出身者、後者が自村出身者の区別ではないかと分析されています。

これら以外にも、家族が死去したときや村の重要な役目に就いたときなど、事あるごとに抜歯が行われたようです。最高記録では14本も抜いた例が知られています。

問題は、縄文人がなぜ抜歯にこだわったのかという点です。縄文時代の抜歯の風習は、中期末に始められ、後期・晩期になるにつれて盛んになります。西日本の縄文晩期では、成人のほぼ全員が抜歯を行っていて、社会制度として、抜歯が定着していたことを示しています。

縄文時代の人口は、中期を境に減少します。とりわけ、自然資源の豊かでなかった西日本ではその傾向はより強いのです。これと軌を一にするように抜歯の儀式が盛んとなります。抜歯にともなう強烈な痛みをともにした、同世代の人々、夫婦、家族の間により強い精神的な絆が結ばれることを期待したのでしょう。縄文時代は、生きることと自体が厳しかったのかもしれません。

Chapter. 8
縄文時代の人文史

SECTION 35

縄文人の社会文化

縄文人は文字を持っていませんでした。そのうえ、次の弥生時代に日本列島に大規模な文化の流入があったため、縄文人が弥生文化以降の日本人の直接の祖先かどうかもはっきりしていません。そのため、縄文人の言語人類学的系統は不明ですが、前半は古アジア諸語族、後半はオーストロネシア語（北東アジア言語）族などとの関係が指摘されています。

縄文人の社会階層

集落の構造や遺体の埋葬方法からみて、縄文人の間に明確な社会的階層は存在しなかったと考えられています。埋葬人骨の抜歯パターンによる分析や子どもに対する副葬品の分析を考えると、縄文社会は基本的には母系的な部族社会であったとみられます。しかし、縄文晩期の北日本の遺跡では、北米北西海岸にみられるような、高度な漁労に支えられた社会より父系的な首長制社会が形成されていったものとみられます。

後期以降には、埋葬法は一般人と同じでも、一部の人物が装身具とともに葬られていることがあり、このような人は、政治的な首長ないし宗教的職能者であった可能性が高いものとみられます。

また、腰飾りは男性に多く、貝輪は女性に多く、ヒスイなどの石の玉、耳飾りは男女双方が身につけていたことから、ある程度男女の政治・宗教的分業が行われていたことがうかがえます。

●ヒスイの勾玉

シャーマン政治

一般に、狩猟・採集社会では男性の脱魂型（魂が肉体からぬけだす）シャーマンが政治的リーダーでもあり、農耕・牧畜社会になると、男性の祭司的首長と女性の憑霊型（動物などの霊が人間にとり憑く）シャーマンが分化します。このモデルにしたがえば、まさに縄文時代にこの分化のプロセスが進行したものと考えられます。

しかし、仮に最も希少であったヒスイの首飾りを政治的首長の象徴と考えると、縄文社会では男女の両方が政治的なリーダーになることができたということになります。さらに、腰飾りを祭司的男性、貝輪をシャーマン的女性の象徴とすると、後期遺跡から出土した、玉と多量の貝輪を同時に身につけていた成人女性は、シャーマンと首長を兼任する存在だったということになります。

SECTION 36

土偶と女神信仰

土偶は縄文文化を特徴づける物で、北部ユーラシアの旧石器時代にみられる、いわゆるヴィーナス像の系譜を受け継いでいます。前期以前は平たい、シンプルな板状土偶が主流でしたが、中期以降は多様な形態を持った立体的な土偶が作られるようになりました。

土偶の用途

土偶の意味についてはいろいろの説が

●土偶

ありますが、その大多数が女性の姿であることからみて、なんらかの女神崇拝があったものと考えられます。土偶の中には、合掌しているものや、仮面をかぶっているものがあります。これらが、シャーマンなどの宗教的職能者の姿をかたどったものだという可能性もありますが、もしそうなら、縄文社会の宗教的職能者の大半は女性だったということになります。

後期～晩期の東北地方を中心に出土する、しゃがんだ姿勢の「屈折土偶」は、背中が平らなものがあることからみて、座っているのではなく仰向けになって出産の姿をあらわしているという解釈もあります。いずれにしても土偶が象徴しているのは「母としての女」であろうと思われます。

土製の仮面

顔に仮面や鉢をつけた土偶は後期～晩期の東日本に多く出土します。仮面は人間の顔と同じぐらいの大きさで、左右を通すための穴があいているものもありますので、実際に儀礼や舞踊に使われたものでしょう。

骨が残りやすい貝塚からは、実際に鉢を被せて葬られた人骨が発見されています。そのような物の中には、左腕に、おそらくはシャーマンのシンボルである貝輪をはめているものもあります。

土偶がシャーマンをかたどったものかどうかはともかく、縄文のシャーマニズムにおいて重要な役割を果たしていたであろうことはまちがいないものと思われます。

●土面

SECTION 37

破壊された土偶の謎

土偶に妊娠している女性がいるという特徴を重視すれば、土偶は安産・多産の女神だという解釈が最も自然だといえるでしょう。

殺された女神

しかし、それだけでは、壊されたり、埋葬されたりしているという奇妙さが説明できません。数千年前の土製品が割れることはむしろ当たり前なので、意図的に壊されたことを証明することは難しいとされていました。しかし、次のような間接的な証拠が挙げられます。

・同じ土偶の破片が遠く離れた場所から見つかる

・土偶をX線で調べると、あらかじめ壊すことを前提にしたような造られかた（分割

塊作成法)をしている

神話との関係

神話学の知見からは、殺され、埋められた女神の身体の各部から各種の栽培植物が発生するという、神話との関係が指摘されています。日本では「古事記」にある、体の各所の穴から食べ物を出してスサノオノミコトに供して、汚いと言って切り殺されたオホゲツヒメ神話などにこのような記述が認められるといいます。

縄文人は、土偶を壊し、その身体の一部を埋葬することで、豊穣を祈ったのかもしれません。しかし、縄文時代にはまだ栽培農業は、始まっていないので、土偶祭祀と農耕を直接結びつけることはできないとして、北方狩猟民の家の守り神と結びつける考えもあります。また、土偶だけでなく石棒にも意図的に壊された形跡があることを考えると、一般に使い終わった呪物は壊してから破棄するという観念があったのかもしれません。これは現在もある、旧年の供え物を新年に燃やすという行事につながるものかもしれません。

SECTION 38

他界と交流する技法

縄文人のシャーマニズムはおそらく脱魂型から憑霊型へ移行していったものと考えられますが、脱魂型の色彩の濃い時代には、太鼓や向精神薬などを使った積極的な意識変容技術をともなっていたものと考えられます。

楽器

縄文人が使用していた楽器の証拠はあまり多くありませんが、おもに中期に出土する土鈴、土笛・石笛があります。ほかに、晩期の東北で出土する箆(へら)形木製品はアイヌのトンコリという楽器に似ており、弦楽器の一種だったと考えられています。また、土器の口に革を張って太鼓として用いたと思われる出土品もあります。

お酒

音楽にしろお酒にしても、意識の状態を変容させ、霊的な世界とコンタクトするために使われたということには間違いないものと思われます。いずれも日本の「土着信仰＝神道の儀礼」には欠かすことのできなかったものであり、弥生以降の文化との連続性を感じさせます。

向精神薬

お酒以外に、日本列島の自然条件の中で、意識状態を変容させる向精神薬として使用された可能性がありそうな物としては、大麻の他にはベニテングタケ、シビレタケ、ワライタケなどのシロシビン系キノコ、そしてヒキガエルなどの毒を持った動物です。いずれも上手に使えば相手の精神状態を変える程度で済みますが、量が過ぎると命を奪うことになります。

麻(アサ)

大麻は縄文前期にはすでに縄や布として利用されていました。ただしそれが繊維材料ではなく向精神薬として用いられたかどうかは不明です。「魏志倭人伝」には弥生時代の西日本で酒が好まれる一方、麻の栽培が行われていたことが書かれていますが、呪術関係の記述はありません。しかし、その後も大麻は神道の伝統の中で神聖な植物であり続けたことを考えると、何らかの向精神的効果は期待されていたものと考えられます。

キノコ

東北〜北海道の縄文後期の遺跡からは、しばしば環状列石にともなってキノコ形の土製品が出土します。キノコが神聖な植物とみなされていた可能性がありますが、これが古代メソアメリカ(中央アメリカ)にあったような、向精神性のキノコ崇拝なのかどうかは不明です。傘が凸凹状のもの、赤く着色されているものなど、いろいろな形態があります。

SECTION 39

葬送の儀礼

縄文時代の葬送法は土葬が一般的でした。

埋葬の方法

楕円形の土坑墓に手足を折り畳んで葬る屈葬が一般的で、これは、伸展葬が一般的となった弥生時代以降とは対照的です。岩を胸に抱かせて葬る抱石葬もみられるので、正常死か異常死かを問わず、縄文人は死者がよみがえってくるのを恐れていたという解釈もあります。逆に、屈葬は子宮の中の胎児の姿であり、再生への願望をあらわしていたという解釈や土を掘る労力を節約したという解釈もできます。

中期～後期の中部・関東に発達する環状集落は、中心に墓地、周縁に居住地という構造になっています。これは死者をけがれたものとして周縁化するよりはむしろ、積極的な祖先崇拝のような観念があったことをうかがわせものです。

甕棺《かめかん》での埋葬

中期以降には遺体を甕に入れて埋葬することもありましたが、そのほとんどが胎児か乳児で、流産や死産の子を特別に葬ったと推測されます。死んだ子を子宮＝甕棺に戻して再生を願うという意味があったのではないかといわれています。

縄文後期の関東でよくみられる柄鏡形《えかがみがた》住居(敷石住居)の入り口には、甕棺らしい土器が埋められていることが多く、胎盤、あるいは流産・死産児の遺体を納め

●柄鏡形住居《えかがみがたじゅうきょ》の遺跡

たものだと考えられています。

これを、死産児の遺骨を、住居の近辺のトイレや玄関など、女性がよくまたぐ場所に埋葬して再生を願うという、近年まで残っていた風習と結びつける考えもあります。埋甕《うめがめ》の中には、上下を逆にして、底部に穴を開けたものも多くあります。子どもの霊魂が抜けていけるようにとの配慮だったのかもしれません。

SECTION 40

配石の世界観

中期〜後期の中部・関東では、男性器をかたどった石棒が、住居の中、とくに入口〜炉端〜奥壁に立てられるようになります。石棒は土偶と同様、意図的に壊されたり、意図的に焼かれたりしているものが多く、なんらかの儀礼的意味を持っていたと考えられます。

子宝信仰

土偶とは違い、男根崇拝は現在の日本の民俗社会にもみられるもので、ふつう、女性が石製や木製の男根に触れることで、子宝に恵まれると信じられています。縄文の石棒にも、同じような、生殖力への崇拝という意味があったものと考えられます。

住居の入口では、石棒と埋甕が対になって出土することもあり、「甕＋石棒＝女性器

＋男性器＝妊娠・出産再生」という象徴的な意味を持っていたものと考えられます。石棒は晩期の東北を中心に、男性器の写実的表現を離れ、石剣、石刀などのより抽象的な形態に発展していきます。また中部・北陸地方では、石棒は「石冠」に発展します。ひとつの石に男性器のような突起と女性器のような溝の両方が彫り込まれているものが多く、ここにも男女という象徴を見ることができます。

墓としての配石

配石は北海道から九州まで、縄文時代全体にわたって作られました。祭祀の場所だったと考えられていますが、同時に墓地だったことが確認されているものも多くあります。住居の中に置かれた小型の石棒とは別に、縄文後期には大型の石棒が配石の中心など、屋外に立てられるようになります。配石墓の中央に建てられた石棒には、抱石葬同様、死者の霊を鎮める意味があったのかもしれませんし、逆に、死者の再生を願うシンボルとしての意味があったのかもしれません。

ストーンサークル

後期の東北地方を中心につくられた環状列石（ストーンサークル）は墓石だったと思われます。また後期～晩期の北海道では環状土籬（周提墓）が、北陸では、環状木柱列（ウッドサークル）がつくられました。

環状集落などの構造もあわせて考えると、縄文人の世界観は、北南、山海のような直線的な二元論ではなく、円環的で同心円状だったといえるでしょう。また、環状列石の中には、おおよそ東西南北の四方向に大きな石が置かれている物があり、縄文人は東西南北という方位をある

●環状列石（ストーンサークル）1

程度意識していたことがうかがえます。

環状集落にも４つに分節されているものがあること、土器の模様は４を単位とするものが最も多いことも視野に入れると、縄文文化に四分制的世界観が存在したことも想定できます。

●環状列石（ストーンサークル）2

索引

■著者紹介

齋藤《さいとう》　勝裕《かつひろ》

名古屋工業大学名誉教授、愛知学院大学客員教授。大学に入学以来50年、化学一筋できた超まじめ人間。専門は有機化学から物理化学にわたり、研究テーマは「有機不安定中間体」、「環状付加反応」、「有機光化学」、「有機金属化合物」、「有機電気化学」、「超分子化学」、「有機超伝導体」、「有機半導体」、「有機EL」、「有機色素増感太陽電池」と、気は多い。執筆暦はここ十数年と日は浅いが、出版点数は150冊以上と月刊誌状態である。量子化学から生命化学まで、化学の全領域にわたる。著書に、「SUPERサイエンス 「電気」という物理現象の不思議な科学」「SUPERサイエンス 「腐る」というすごい科学」「SUPERサイエンス 人類が生み出した「単位」という不思議な世界」「SUPERサイエンス 「水」という物質の不思議な科学」「SUPERサイエンス 大失敗から生まれたすごい科学」「SUPERサイエンス 知られざる温泉の秘密」「SUPERサイエンス 量子化学の世界」「SUPERサイエンス 日本刀の驚くべき技術」「SUPERサイエンス ニセ科学の栄光と挫折」「SUPERサイエンス セラミックス驚異の世界」「SUPERサイエンス 鮮度を保つ漁業の科学」「SUPERサイエンス 人類を脅かす新型コロナウイルス」「SUPERサイエンス 身近に潜む食卓の危険物」「SUPERサイエンス 人類を救う農業の科学」「SUPERサイエンス 貴金属の知られざる科学」「SUPERサイエンス 知られざる金属の不思議」「SUPERサイエンス レアメタル・レアアースの驚くべき能力」「SUPERサイエンス 世界を変える電池の科学」「SUPERサイエンス 意外と知らないお酒の科学」「SUPERサイエンス プラスチック知られざる世界」「SUPERサイエンス 人類が手に入れた地球のエネルギー」「SUPERサイエンス 分子集合体の科学」「SUPERサイエンス 分子マシン驚異の世界」「SUPERサイエンス 火災と消防の科学」「SUPERサイエンス 戦争と平和のテクノロジー」「SUPERサイエンス 「毒」と「薬」の不思議な関係」「SUPERサイエンス 身近に潜む危ない化学反応」「SUPERサイエンス 爆発の仕組みを化学する」「SUPERサイエンス 脳を惑わす薬物とくすり」「サイエンスミステリー 亜澄錬太郎の事件簿1　創られたデータ」「サイエンスミステリー 亜澄錬太郎の事件簿2　殺意の卒業旅行」「サイエンスミステリー 亜澄錬太郎の事件簿3　忘れ得ぬ想い」「サイエンスミステリー 亜澄錬太郎の事件簿4　美貌の行方」「サイエンスミステリー 亜澄錬太郎の事件簿5［新潟編］　撤退の代償」「サイエンスミステリー 亜澄錬太郎の事件簿6［東海編］　捏造の連鎖」「サイエンスミステリー 亜澄錬太郎の事件簿7［東北編］ 呪縛の俳句」「サイエンスミステリー 亜澄錬太郎の事件簿8［九州編］ 偽りの才媛」（C&R研究所）がある。

編集担当：西方洋一 ／ カバーデザイン：秋田勘助（オフィス・エドモント）

SUPERサイエンス 縄文時代驚異の科学

2023年10月25日　初版発行

著　者　齋藤勝裕
発行者　池田武人
発行所　株式会社　シーアンドアール研究所
新潟県新潟市北区西名目所4083-6（〒950-3122）
電話　025-259-4293　FAX　025-258-2801
印刷所　株式会社　ルナテック

ISBN978-4-86354-432-1 C0021